OEUVRES

DE

CRÉBILLON.

TOME PREMIER.

SENLIS,
IMPRIMERIE STÉRÉOTYPE DE TREMBLLAY.

OEUVRES
DE
CRÉBILLON.

TOME PREMIER.

PARIS,
STÉRÉOTYPE D'HERHAN.

DABO et TREMBLAY, Libraires,
rue de Vaugirard, n°. 46.
1819.

NOTICE SUR CRÉBILLON.

Prosper Jolyot de Crébillon naquit le 13 février 1674, à Dijon, l'une des villes de la France qui s'enorgueillit d'avoir produit le plus d'écrivains illustres. Nous ajouterons, pour ceux qui, en assez grand nombre encore, prennent de l'intérêt aux généalogies, que deux hommes de son nom avaient été anoblis en 1442 par Philippe-le-Bon.

Il fit ses premières études chez les jésuites, alors en possession de donner des confesseurs aux rois et d'élever une grande partie de la jeunesse. Ces instituteurs, dans la vue peut-être d'attirer au sein de leur société ceux de leurs élèves qui pourraient l'honorer par des talents, en tenaient un registre exact, où, à côté de chaque nom, était écrite une appréciation rédigée en latin. La note de Crébillon était: *Puer ingeniosus, sed insignis nebulo*: enfant spirituel, mais insigne vaurien. La première partie de ce jugement doit être regardée comme un horoscope qu'il a parfaitement rempli: la seconde pourrait bien prouver seulement qu'il avait découvert quelque ridicule ou quelque petit défaut dans ses juges.

La nature voulait qu'il fût poëte. La tyrannie de l'usage, l'ambition de son père, sa propre docilité, le contraignirent d'abord à l'étude de la jurisprudence. Bientôt il fut enfermé dans le cabinet d'un procureur de Paris appelé Prieur. Heureusement ce procureur avait su franchir les étroites limites de son état; il était fils d'un homme qui avait mérité que Scarron lui adressât une épître où il lui accorde un éloge qui n'est pas fréquemment mérité par ceux de cette profession; il le loue de ne pas faire UNE SALE USURE DU TALENT DE SON ÉCRITURE. Prieur s'aperçut bientôt qu'en s'obstinant à disputer son jeune clerc à sa véritable vocation il ferait un vol réel à la poésie, sans aucun profit pour la chicane. Il osa joindre ses conseils à ceux que Crébillon recevait de son propre génie, et Crébillon fut poëte tragique.

LA MORT DES ENFANTS DE BRUTUS fut le premier sujet qui occupa sa muse encore trop timide et trop défiante. Cette tragédie, lue aux acteurs de ce temps-là, fut rejetée par un aréopage dont les jugements, qu'ils soient bons ou mauvais, ressemblent presque toujours à de la prévention. Découragé par un refus dont aucune expression de bienveillance n'avait adouci la rigueur, il fit un serment qui fut heureusement violé par la composition d'IDOMÉNÉE. Le succès de cette pièce, quoiqu'incomplet, le réconcilia avec le théâtre, et même avec Prieur, dont il avait été, dans son malheur, tenté d'accuser les conseils. Le cinquième acte ayant été accueilli peu favorablement, il en composa un autre avec une promptitude qui prouva une fécondité et surtout une docilité qui, par la suite, ne s'est jamais démentie. Le récit de la première scène, écrit, à la vérité, d'un style incorrect, contient de grandes beautés poétiques.

La tragédie d'ATRÉE ET THYESTE marqua les progrès de notre auteur d'une manière sensible. Le sujet en est plus atroce que tragique. La haine invétérée et, pour ainsi dire, intarissable d'Atrée y est produite sous des couleurs énergiques et vraies qui contrastent mal avec le caractère doucereux et l'amour subit de Plisthène. L'horreur du cinquième acte, qui alors ne fut pas supportée, n'a pu trouver depuis des spectateurs plus indulgents, ou, si l'on veut, plus forts. Au reste, cette production mérita de justes et universels éloges à son auteur. Prieur, qui, attaqué d'une maladie mortelle, s'était fait porter à la première représentation d'ATRÉE, alla sur le théâtre chercher son ami ; et l'embrassant avec transport : JE MEURS CONTENT, lui dit-il, JE VOUS AI FAIT POÈTE, ET JE LAISSE UN HOMME A LA NATION.

Accusé de donner à ses tableaux une physionomie trop sombre, Crébillon, quoiqu'à regret, trempa ses pinceaux dans des couleurs moins noires pour peindre cette Électre dont Sophocle lui avait laissé un si beau modèle. Mais dédaignant mal-à-propos de marcher sur les traces de ce grand maître dans l'art dramatique, il s'éloigna de sa noble et touchante simplicité en surchargeant son drame d'un double amour qui fait languir les premiers actes, et qui fut réprouvé par le judicieux Despréaux. Cependant beaucoup de vers heureux, la beauté du caractère d'Électre et du rôle de Palamède, imposèrent silence aux critiques, ou en balancèren avantageusement la justice.

Le plus beau, et, suivant quelques juges très sévères, le seul titre de Crébillon à la véritable gloire, c'est RHADAMISTHE. Profondeur dans les conceptions, grandeur dans les caractères, tout s'y trouve soutenu d'une éloquence, d'une énergie, et presque toujours d'une correction de style dont il n'a fait preuve que cette fois à un si haut degré. Son Pharasmane, aussi ennemi des Romains que le Mithridate de Racine, exprime sa haine en termes plus mâles et non moins poétiques. Crébillon avait pris plaisir à mettre dans la bouche de ce roi d'Ibérie sa propre opinion sur ces républicains TYRANS DE L'UNIVERS. L'exposition de cette pièce est compliquée, obscure, et très médiocrement écrite; tant il est vrai que le style suit toujours la pensée, ou plutôt, qu'il ne fait qu'un avec elle. Boileau, dans sa dernière maladie, ayant entendu seulement la lecture des deux premières scènes, porta un jugement qu'on a voulu faussement étendre sur l'ouvrage entier. Il en eût à coup sûr senti les beautés, s'il l'eût écouté jusqu'à la fin, quelque surcroît que la mauvaise disposition de son corps eût ajouté à sa rigueur accoutumée.

Les arts, enfants de l'imagination, étendent rarement leurs bienfaits jusque sur la vieillesse de ceux dont ils ont le plus favorisé le jeune âge. Après s'être surpassé, et comme épuisé dans RHADAMISTHE, Crébillon ne conserva de ses premiers talents qu'une monotone fécondité. On ne trouva dans Xerxès qu'un roi bon jusqu'à la foiblesse, confiant jusqu'à l'imprudence ; et dans Artaban qui le veut détrôner, qu'un scélérat malhabile à force d'être entreprenant, entouré de difficultés qu'il n'a pas su prévoir, et de conjonctures favorables dont il ne sait pas profiter.

Sémiramis obtint un plus grand nombre de représentations, mais point assez pour accoutumer les yeux au spectacle d'une mère qui s'obstine dans l'amour que lui a inspiré son fils qu'elle ne connaissait pas, lors même qu'elle vient d'être forcée de le reconnaître pour tel.

Voulant s'accommoder au goût, ou, comme il le disait, à la faiblesse du public, Crébillon, dans Pyrrhus, revêtit Melpomène d'ornements moins lugubres ; il lui ôta jusqu'à son poignard. Personne en effet n'y meurt. Il dut être content du succès de cet ouvrage, qu'il appelait une ombre de tragédie. On lui tint compte de la violence qu'il s'était faite pour ne pas ensanglanter la scène.

Trop docile aux instances de quelques amis peu réfléchis, il acheva sa tragédie de Catilina, promise au public depuis vingt ans, et qui contenta difficilement une trop longue attente. Il sentit lui-même que pour faire ressortir davantage Catilina, à qui il prête des projets et surtout des prétentions exagérées, il avait trop rabaissé le caractère de Cicéron. Pour réparer cette faute, et à l'instigation d'une puissante protectrice qui eût mieux servi la gloire de Crébillon en le récompensant de ses travaux anciens qu'en lui en conseillant de nouveaux, il entreprit le Triumvirat. Sa muse octogénaire ne recueillit de ce dernier ouvrage que des marques de respect, que le public peu reconnaissant n'accorde pas toujours à ceux qui, avec le désir de lui plaire, n'en ont pas conservé les moyens.

Pendant le temps qui s'était écoulé entre la tragédie de Xerxès et celle de Sémiramis, il en avait entrepris une de Cromwel, cet hypocrite ambitieux qui n'appela ses concitoyens à la liberté que pour devenir leur maître, et qui les força à se reposer dans la forme de gouvernement qu'il leur avait fait proscrire. Il y peignait avec tant d'énergie la haine des Anglais pour le pouvoir arbitraire; il y faisait sentir avec tant de chaleur les avantages de la liberté fondée sur les lois, qu'on pensa que la représentation en serait dangereuse pour un peuple qui n'avait jamais eu d'autre sauve-garde contre la tyrannie que la modération assez constante de ses rois. Il reçut une défense de continuer sa pièce; défense à laquelle il se soumit, et qui dut l'affermir dans l'aversion qu'il eut toute sa vie pour toute espèce d'autorité absolue.

Une prévention outrée pour Crébillon, bien moins encore qu'une jalousie aveugle contre ce Voltaire à qui les Frérons d'aujourd'hui contestent encore ses succès, chercha à mettre en opposition ces deux écrivains. L'auteur de Zaïre sentit l'injustice qu'on lui faisait en lui présentant comme vainqueur celui dont il se jugeait digne d'être au moins le rival. Il osa reproduire sur la scène plusieurs des personnages que Crébillon y avait fait applaudir: et comme il sut joindre à l'intérêt qui captive au théâtre, le style qui charme à la lecture, le temps lui a assuré la victoire. Ce fut Crébillon lui-même qu'il demanda pour censeur de la tragédie d'ORESTE ; il en reçut cette réponse aussi affectueuse que mesurée : « J'ai été content, lui dit le censeur, du succès de mon ÉLECTRE, je souhaite que le frère vous fasse autant d'honneur que la sœur m'en a fait. »

Crébillon, loin de se prêter au zèle quelquefois indiscret de l'amitié, n'accepta jamais les petits services qu'elle s'empresse souvent d'offrir ou d'accorder à l'amour-propre des auteurs. Quelqu'un lui demandant des billets pour la première représentation de CATILINA : « Vous savez bien, lui dit-il, que je ne veux pas qu'il y ait personne dans le parterre qui se croie obligé à m'applaudir. » Aussi, lui répondit son ami, ce n'est pas pour vous faire applaudir que je vous demande ces billets ; soyez sûr que ceux à qui je les donnerai seront les premiers à siffler la pièce si elle le mérite. En ce cas, répondit Crébillon, vous en aurez.

Son entrée à l'Académie française en 1731 fut marquée par une innovation qui aurait dû commencer plutôt, et dont on ne pouvait que lui savoir gré. Il fit son discours de réception en vers ; mais n'usant pas du privilège tout entier, il se borna à revêtir de formes poétiques les expressions de reconnaissance et les éloges d'usage, qui avaient tant de fois retenti dans de pareilles circonstances. Lorsqu'il prononça ce vers,

Aucun fiel n'a jamais empoisonné ma plume,

des applaudissements sans nombre confirmèrent [le]
témoignage qu'il se rendait à lui-même. Sans dou[te]
on avait alors oublié, ou peut-être n'avait-on jam[ais]
su, qu'il eût dans sa jeunesse composé une satir[e]
où, sous l'emblème de divers animaux, il dépeign[ait]
assez bien le caractère et les ridicules de quelq[ues]
auteurs de son temps. Au reste, il n'autorisa jam[ais]
par ses conseils une erreur ou une justice dont [il]
se repentait sans doute d'avoir donné l'exemple. [Un]
jeune poëte vint un jour le consulter sur une sat[ire]
qu'il avait composée. Il l'écouta tranquillement;
quand sa lecture fut achevée, Jugez, lui dit-il, co[mbien]
bien ce malheureux genre est facile et méprisabl[e]
puisqu'à votre âge vous y réussissez.

Les romans, et surtout ceux de La Calprenèd[e]
étaient sa lecture favorite. Il disait en avoir ti[ré]
d'utiles ressources pour la composition de ses t[ra-]
gédies. C'était là, sans doute, qu'il avait puisé [le]
goût pour les déguisements de personnages, moy[en]
trop fréquemment employé par lui, et qu'on lu[i a]
reproché. Il avait une passion tellement prononc[ée]
pour cette sorte d'ouvrages, qu'il employait d[es]
journées entières à en composer; mais sa paress[e,]
aidée d'une prodigieuse mémoire, l'empêcha to[u-]
jours de les confier au papier. Un jour qu'il éta[it]
fort occupé d'un de ces romans dont la créati[on]
charmait sa solitude, quelqu'un entra chez lui bru[s-]
quement: « Ne me troublez point, lui cria-t-il, je s[uis]
dans un moment intéressant; je vais faire pendre [un]
ministre fripon, et chasser un ministre imbécille[. »]

Quoique d'un caractère grave et sérieux, au poi[nt]

'être accusé lui-même de la noirceur qu'on trouvait ans ses ouvrages, il avait de la gaîté dans l'esprit. tant tombé dangereusement malade, son médecin, mme fort prévoyant, lui demanda les deux actes e CATILINA qui n'était point encore achevé. 'auteur lui répondit par ce vers de RHADAMISTHE :

Ah! doit-on hériter de ceux qu'on assassine ?

Ne seriez-vous point le chartreux qui fait mes ièces? dit-il à un jeune homme qui lui répéta sur champ plusieurs tirades d'une scène qu'il n'avait tendu réciter qu'une seule fois. La malignité avait it, la sottise avait répété, et l'envie avait feint de oire, que les ouvrages de Crébillon étaient comosés par un chartreux.

Il conserva constamment cette fierté d'ame qui onore et fortifie le talent, et qui devrait en être ujours inséparable. Attiré à la cour par des proesses auxquelles il supposait trop de sincérité, il i fallut deux ans pour s'apercevoir qu'il marchait r une terre d'illusions et de mensonges, et où ntrigue seule pouvait recueillir ce qui était semé s mains de la flatterie. Il dédaigna aussi les bienits onéreux de ces nombreux Mécènes qui, préndant protéger le mérite comme s'ils s'y connaisient, en exigent des complaisances qui prouvent 'ils ne savent point le juger. Il portait même ec peine le joug de ces bienséances frivoles et trop ltipliées dont une fausse politesse a surchargé le mmerce de la société, et auxquelles on a rarent le courage de se soustraire, de peur d'être usé de les ignorer. Vers la fin de sa vie, sa

profonde solitude n'était partagée que par une fo[ule]
d'animaux dont l'attachement et la fidélité l'e[m]
pêchaient de regretter la compagnie des homm[es]
qu'il connaissait, disait-il, trop bien.

Destiné à être contrarié dans tous ses penchan[ts,]
il épousa, sans le consentement de son père, [une]
femme qui n'était qu'aimable et vertueuse, et [fut]
déshérité. Sa réputation le réconcilia par la s[uite]
avec la vanité de ce vieillard injuste, dont il [par]
tagea fort inégalement la succession avec les g[ens]
de loi chargés de la liquider. Il ne dut regre[tter]
de cette fortune que ce qui était nécessaire p[our]
assurer une indépendance qui lui fut toujours [si]
chère, et pourvoir aux frais d'une existence [qui]
pouvait passer pour plus que frugale.

Il laissa un fils qui, dans des ouvrages où l'es[prit]
et le talent ne sont pas toujours avoués par le g[oût]
et la décence, a retracé les vices, ou, si l'on v[eut,]
la galanterie des Français de son siècle. L'un pei[gnit]
les forfaits et les grandes passions, l'autre crayo[nna]
les ridicules et les travers de l'esprit.

Crébillon, né très robuste, après avoir consc[rvé]
sa force jusque dans l'âge de quatre-vingt-huit [ans,]
mourut le 17 juin 1762. Le gouvernement, [qui]
avait protégé et gêné son talent, lui décern[a un]
mausolée, dont l'exécution, jusqu'à nos jours, [est]
demeurée imparfaite. Ce mausolée qui vient à p[eine]
d'être terminé, a enfin trouvé au Musée des M[onu]
ments Français une place qui lui avait été ref[usée]
par la sévérité sans doute excessive d'un pas[teur]
rigoriste.

AU ROI.

SIRE,

Votre majesté vient de me faire une grace si peu méritée, que j'ose à peine lui offrir l'hommage de ses propres bienfaits : témoin des merveilles de votre règne, je devrois rougir de les avoir si mal célébrées, tandis que votre majesté daigne immortaliser mes ouvrages. Quel bonheur fut égal au mien ? j'ai commencé de voir le jour sous l'empire d'un roi si grand, que, sans son successeur, il n'au[roit] jamais eu de rival; j'ai vieilli sous les lois d[u] plus aimable et du meilleur de tous les rois; j[']a[i] vu naitre, pour ainsi dire, sa gloire, je l'ai vu chaque jour prendre un nouvel éclat, et je la vo[is] enfin consommée par le don d'une paix qui ne pe[ut] être envisagée sans admiration, ni oubliée sa[ns] ingratitude.

Je suis, avec le plus profond respect et la pl[us] parfaite soumission,

SIRE,

de votre majesté

le très humble, très obéissan[t] et très fidèle sujet et serviteur

PROSPER JOLYOT DE CRÉBILLO[N]

PRÉFACE.

J'avois résolu de donner une dissertation sur la tragédie; mais depuis quelque temps il a paru un si grand nombre de discours sur cette matière déjà tant rebattue, et presque toujours sans fruit, que j'ai craint de tomber dans des redites. Jamais les auteurs ne furent mieux instruits des règles et des finesses de l'art, on en peut juger par leurs préfaces; il seroit seulement à souhaiter que les ouvrages qui les occasionnent se ressentissent un peu plus de ces préliminaires si brillants: d'ailleurs que dirois-je à mes contemporains, qu'ils ne sussent aussi bien que moi? Ceux qui sont doués d'un génie heureux puisent des leçons dans leurs propres talents; ceux qui en sont dénués n'ont besoin que d'un seul précepte, c'est de ne point écrire. On sera peut-être surpris que dans le cours d'une assez longue vie je ne me sois point occupé à retoucher mes ouvrages, surtout depuis que le roi a daigné en ordonner l'impression à son imprimerie royale: bienfait qui, en me comblant de gloire, seroit seul capable de confirmer le public dans la bienveillance dont il m'a toujours honoré, et dont il m'a donné des marques si particulières: mais je n'ai jamais eu grande foi aux corrections, la plupart ne sont que des fautes nouvelles. Lorsqu'on n'est plus dans la chaleur des premières idées, on ne peut trop se

défier des secondes. Un autre motif m'a engagé
me laisser tel que j'étois quand le public m'a p
sous sa protection ; comme je ne me flatte pas
pouvoir devenir un modèle, mes défauts pourro
servir d'instruction : peut-être qu'en m'examina
de près mes successeurs seront à leur tour ten
de faire l'examen de leur conscience; ils en sentiro
mieux les dangers d'une carrière aussi épineuse q
celle du théâtre, quand ils verront qu'un homm
né avec une sorte de talent pour la tragédie,
éclairé par les pièces de Corneille et de Racin
n'a pu éviter des écueils que vraisemblableme
il devoit avoir aperçus. Je suis d'autant moins
cusable que j'ai connu parfaitement les beautés
la tragédie, et que j'ai mieux que qui que ce s
senti mes défauts. Ai-je atteint ce que j'ai si p
faitement connu ? me suis-je corrigé de ce que j
si bien senti ? Je n'ai pu me garantir d'un vice q
nous est commun à tous, et qui est la véritable sour
de nos dérèglements poétiques, je veux dire l'i
patience, quelquefois l'entêtement, et encore pl
souvent l'orgueil. L'impatience n'est pas tout-à-f.
sans fondement : un auteur qui a fait choix d'
sujet, et qui s'est cru obligé de le communique
ainsi que ses idées, craint qu'on ne le lui vol
et, à la honte des lettres, ces sortes de larcins
sont que trop familiers ; du moins si l'on s'
rapporte à ceux qui revendiquent ce qu'on leu
pris. Mais ces craintes doivent-elles l'empor
sur ce que nous devons au public, et sur ce q

PRÉFACE.

nous nous devons à nous-mêmes, et nous engager à précipiter nos compositions? il vaut encore mieux être pillés que sifflés. Il n'y a pas un défaut dans nos plans dont nous ne soyons frappés les premiers; mais après les avoir bien discutés nous ne songeons souvent qu'à nous les justifier, flattés du fol espoir de pouvoir les couvrir si bien qu'on ne s'en doutera seulement pas: si des amis clairvoyants nous en font apercevoir, nous répondons avec vivacité que, pour ôter ce défaut prétendu, il faudroit refondre toute la pièce; que Corneille et Racine sont pleins de ces fautes. Mais si à la fin on parvient à nous faire ouvrir les yeux, alors, pour concilier le sentiment de nos amis avec notre amour-propre, nous employons plus d'esprit, d'art et de temps pour pallier ce défaut, qu'il ne nous en auroit fallu pour faire deux nouveaux actes. Une autre erreur aussi dangereuse pour le moins, c'est de prétendre qu'un défaut qui produit de grandes beautés ne doit pas être compté pour un défaut: je ne l'en trouve, moi, que plus énorme; dès qu'on est capable d'enfanter de grandes beautés, on ne peut leur donner une source trop pure. Qu'arrive-t-il enfin? les défauts percent, et sont saisis par le public, à qui rien n'échappe; et on ne manque pas de se récrier contre sa dureté. Nous avons tort: l'indulgence du public va jusqu'à l'extrême patience; son amour pour les spectacles lui fait passer bien des choses que nos plus zélés partisans ne nous pardonneroient pas. Si on

retranchoit de nos pièces tout ce qu'il y a d'inutil[e]
nous mourrions de frayeur à l'aspect du squelet[te]
Que de dissertations, que de métaphysique sur l[es]
effets des passions, que leurs mouvemens dévelo[p]
peroient de reste, si nous nous attachions pureme[nt]
et simplement à l'action, que nous interrompo[ns]
sans cesse par des réflexions qui refroidisse[nt]
également la pièce, le spectateur et l'acteur ! [A]
propos de passion, me sera-t-il permis de dire
deux mots en faveur de l'amour, qu'une mora[le]
renouvelée, car elle n'a point le mérite de la no[u]
veauté, veut bannir de la tragédie ? Je ne crai[ns]
pas qu'on soupçonne de partialité sur cet arti[cle]
un homme que l'on n'a point accusé jusqu'ici d'êt[re]
fort doucereux. Le poëme tragique, supposé q[ue]
je le connoisse bien, est, pour ainsi dire, le rende[z]
vous de toutes les passions ; pourquoi en chass[e]
rions-nous l'amour, qui est souvent le mobile [de]
toutes les passions ensemble ? les cœurs nés sa[ns]
amour sont des êtres de raison ; et je ne vois pas
quoi l'amour, nommément dit, peut dégrader
héros et l'honnête homme. Sophocle et Euripid[e,]
dit-on, se sont bien passés de l'amour : c'est
agrément de moins dans leurs ouvrages ; ces de[ux]
grands hommes ont travaillé selon le goût de le[ur]
siècle, nous nous conformerons au goût du nôt[re.]
Voudroit-on nous persuader que Corneille et Raci[ne]
doivent être moins grands pour nous que Sophoc[le]
et Euripide ne le furent pour les Grecs ? Qui d'ent[re]
eux doit nous donner le ton ? Que l'on blâme l

analyses perpétuelles que nous faisons des sentiments amoureux, ces délicatesses, ces recherches puériles qui affadissent le cœur au lieu de l'émouvoir, et qui enlaidissent l'amour loin de l'embellir, je passe condamnation. Un homme d'esprit a dit :

> Ce n'est point l'amour qui nous perd :
> C'est la manière de le faire.

Parmi nous c'est la manière de l'employer; ce n'est pas la faute de l'amour si nous le mettons toujours à sa toilette : mais que nous le représentions impétueux, violent, injuste, malheureux, capable de nous porter aux plus grands crimes ou aux actions les plus vertueuses, l'amour alors deviendra la plus grande ressource du théâtre; j'oserai même soutenir qu'il est dangereux de s'en passer, et que si on venoit à le supprimer, ce seroit priver la tragédie de l'objet le plus intéressant et le plus capable de bien exercer sa morale.

Quant aux brochures que l'on fait courir contre moi, je ne me pique pas d'y répondre; les critiques les plus envenimées me font encore beaucoup d'honneur; j'en aurois même remercié leurs auteurs, si j'y avois trouvé des instructions qui pussent m'être de quelque utilité : mais franchement je n'y ai entrevu qu'un dessein formé de m'humilier ou de me fâcher. Mes censeurs ont manqué leur coup; la critique n'humilie que les orgueilleux, et ne fâche que les sots : j'aurois presque osé me flatter de n'être ni l'un ni l'autre.

b.

IDOMÉNÉE,

TRAGÉDIE,

Représentée pour la première fois le 29 décembre 1703.

Je méditois en vain de t'en faire l'hommage,
 En vain je me l'étois promis;
Jamais ton nom sacré n'eût paré mon ouvrage,
 Si tu ne me l'eusses permis.
Non, quel que soit pour toi le zèle qui me guide,
Quel que fût de mes vers le prix ou le bonheur,
 Grand prince, ma muse timide
Ne te les eût offerts que dans le fond du cœur.
Un auteur vainement, sous le nom de prémices,
 Croit son hommage en sûreté :
 Dans nos plus humbles sacrifices,
 On nous croit sans humilité.
 C'est tendre à l'immortalité,
Que de paroître au jour sous de si grands auspices;
C'est rendre enfin mes vers ou suspects ou complices
 D'une coupable vanité.
 Heureux que ma muse indiscrète
 N'ait point suivi sa folle ardeur,
Et que, prête à livrer le héros au poëte,
Elle ait d'un front modeste épargné la pudeur !
Si, plus que toi peut-être instruite de ta gloire,
Rappelant des périls que tu ne craignis pas,
Te les reprochant même au sein de la victoire,
Ma muse t'apprenoit tout ce que fit ton bras....
 Non, ne crains point que son audace,
De Steinkerque ou Nerwinde embrassant les exploits,

Fasse résonner une voix
A peine connue au Parnasse.
Mais si du dieu des vers je me fais avouer,
Si sur moi d'un rayon il répand la lumière,
Je ne rentre dans la carrière
Que pour apprendre à te louer.

JOLYOT DE CRÉBILLON.

PERSONNAGES.

IDOMÉNÉE, roi de Crète.
IDAMANTE, fils d'Idoménée.
ÉRIXÈNE, fille de Mérion, prince rebellle.
SOPHRONYME, ministre d'Idoménée.
ÉGÉSIPPE, officier du palais.
POLYCLÈTE, confident d'Idamante.
ISMÈNE, confidente d'Érixène.
SUITE DU ROI.
GARDES.

La scène est à Cydonie, capitale de la Crète, dans le palais d'Idoménée.

IDOMÉNÉE,
TRAGÉDIE.

ACTE PREMIER.

SCÈNE I.

IDOMÉNÉE, *seul.*

Où suis-je ? quelle horreur m'épouvante et me suit !
Quel tremblement, ô ciel ! et quelle affreuse nuit !
Dieux puissants, épargnez la Crète infortunée.

SCÈNE II.

IDOMÉNÉE, SOPHRONYME.

IDOMÉNÉE.

SOPHRONYME, est-ce toi ?

SOPHRONYME.

Que vois-je ? Idoménée !
Ah seigneur ! de quel bruit ont retenti ces lieux !

IDOMÉNÉE.

Eh quoi ! tant de malheurs n'ont point lassé les dieux !
Depuis six mois entiers, une fureur commune
Agite tour à tour Jupiter et Neptune.

La foudre est l'astre seul qui nous luit dans les airs :
Neptune va bientôt nous couvrir de ses mers.
C'en est fait ! tout périt; la Crète désolée
Semble rentrer au sein de la terre ébranlée.
Chaque jour, entouré des plus tristes objets,
La mort jusqu'en mes bras moissonne mes sujets.
Jupiter, sur moi seul épuise ta vengeance!
N'afflige plus des lieux si chers à ton enfance!
Mes peuples malheureux n'espèrent plus qu'en toi :
Si j'ai pu t'offenser, ne tonne que sur moi.
Pour les seuls innocents allumes-tu la foudre ?
Sur son trône embrasé réduis le prince en poudre,
Épargne les sujets : pourquoi les frapper tous ?
Qui d'eux, ou de leur roi, mérite ton courroux ?

SOPHRONYME.

Quoi ! toujours de nos maux vous croirez-vous coupable ?
N'armez point contre vous une main redoutable.
Le ciel, depuis long-temps déclaré contre nous,
Semble, dans sa fureur, ne ménager que vous.
Dans les maux redoublés dont la rigueur nous presse,
Votre seule pitié, seigneur, nous intéresse.

IDOMÉNÉE.

Les dieux voudroient en vain ne ménager que moi :
Eh ! frapper tout son peuple, est-ce épargner un roi ?
Hélas ! pour me remplir de douleurs et de craintes,
Pour accabler mon cœur des plus rudes atteintes,
Il suffiroit des cris de tant d'infortunés,
Aux maux les plus cruels chaque jour condamnés :
Et c'est moi cependant, c'est leur roi sacrilège
Qui répand dans ces lieux l'horreur qui les assiège !

Je ne gémirois point sur leur destin affreux,
Si le ciel étoit juste autant que rigoureux.
Mais ce n'est pas le ciel, c'est moi qui les foudroie :
Juge de quels remords je dois être la proie.
Quels regrets, quand je vois mes peuples malheureux
Craindre pour moi les maux que j'attire sur eux ;
Prier que pour eux seuls le ciel inexorable
Porte loin de leur roi le coup qui les accable !

SOPHRONYME.

Quoi ! seigneur, vous seriez l'auteur de tant de maux !
Et de vous seul la Crète attendroit son repos !
Quoi ! des dieux irrités ce peuple la victime....

IDOMÉNÉE.

L'est moins de leur courroux, qu'il ne l'est de mon crime.
Cet aveu te surprend. A peine croirois-tu,
Sophronyme, à quel point j'ai manqué de vertu :
Mais telle est désormais ma triste destinée....

SOPHRONYME.

Quel crime a donc commis le sage Idoménée ?
Fils de Deucalion, petit-fils de Minos,
Vos vertus ont passé celles de ces héros :
Nous trouvions tout en vous, un roi, les dieux, un père.
Seigneur, par quel malheur, à vous-même contraire,
Avez-vous pu trahir des noms si glorieux ?
Qui fit donc succomber votre vertu ?

IDOMÉNÉE.

Les dieux.

SOPHRONYME.

Quel forfait peut sur vous attirer leur colère ?

IDOMÉNÉE.

On n'est pas innocent lorsqu'on peut leur déplaire :
Les dieux sur mes pareils font gloire de leurs coups;
D'illustres malheureux honorent leur courroux.
Entre le ciel et moi sois juge, Sophronyme :
Il prépara du moins s'il ne fit pas mon crime.
Par vingt rois dès long-temps vainement rassemblés
Les Troyens à la fin se virent accablés ;
De leurs bords désolés tout pressoit la retraite :
Ainsi, loin de nos Grecs, je voguai vers la Crète.
Le prince Mérion, prompt à m'y devancer,
Sur mon trône peut-être auroit pu se placer,
Si mon fils n'eût domté l'orgueil de ce rebelle.
A Samos, par tes soins, j'en reçus la nouvelle.
Je peindrois mal ici les transports de mon cœur
Lorsque j'appris d'un traître Idamante vainqueur :
La gloire de mon fils me causa plus de joie
Que ne firent jamais les dépouilles de Troie.
Après dix ans d'absence, empressé de revoir
Cet appui de mon trône, et mon unique espoir,
A regagner la Crète aussitôt je m'apprête,
Ignorant le péril qui menaçoit ma tête.
Sans que je te rappelle un honteux souvenir,
Ni que de nos affronts je t'aille entretenir,
Tu sais de quels forfaits ma race s'est noircie.
Comme Pasiphaé, Phèdre au crime endurcie
Ne signale que trop et Minos et Vénus.
Tous nos malheurs enfin te sont assez connus.

ACTE I, SCÈNE II.

Né de ce sang fatal à la déesse en proie,
J'avois encor sur moi la querelle de Troie:
Juge de la vengeance, à ce titre odieux.
Ce fut peu de sa haine, elle arma tous les dieux.
La Crète paroissoit, tout flattoit mon envie;
Je distinguois déjà le port de Cydonie:
Mais le ciel ne m'offroit ces objets ravissants
Que pour rendre toujours mes désirs plus pressants.
Une effroyable nuit sur les eaux répandue
Déroba tout-à-coup ces objets à ma vue;
La mort seule y parut... Le vaste sein des mers
Nous entr'ouvrit cent fois la route des enfers.
Par des vents opposés les vagues ramassées,
De l'abîme profond jusques au ciel poussées,
Dans les airs embrasés agitoient mes vaisseaux,
Aussi près d'y périr qu'à fondre sous les eaux.
D'un déluge de feux l'onde comme allumée
Sembloit rouler sur nous une mer enflammée;
Et Neptune en courroux à tant de malheureux
N'offroit pour tout salut que des rochers affreux.
Que te dirai-je enfin? Dans ce péril extrême,
Je tremblai, Sophronyme, et tremblai pour moi-même.
Pour appaiser les dieux je priai.... je promis....
Non, je ne promis rien : dieux cruels ! j'en frémis....
Neptune, l'instrument d'une indigne foiblesse,
S'empara de mon cœur, et dicta la promesse :
S'il n'en eût inspiré le barbare dessein,
Non, je n'aurois jamais promis de sang humain.
« Sauve des malheureux si voisins du naufrage,
Dieu puissant, m'écriai-je, et rends-nous au rivage :

Le premier des sujets rencontré par son roi
A Neptune immolé satisfera pour moi.... »
Mon sacrilège vœu rendit le calme à l'onde :
Mais rien ne put le rendre à ma douleur profonde ;
Et, l'effroi succédant à mes premiers transports,
Je me sentis glacer en revoyant ces bords.
Je les trouvai déserts, tout avoit fui l'orage :
Un seul homme alarmé parcouroit le rivage ;
Il sembloit de ses pleurs mouiller quelques débris :
J'en approche en tremblant.... hélas ! c'étoit mon fils.
A ce récit fatal tu devines le reste.
Je demeurai sans force à cet objet funeste ;
Et mon malheureux fils eut le temps de voler
Dans les bras du cruel qui devoit l'immoler.

SOPHRONYME.

Ai-je bien entendu ? Quelle horrible promesse !
Ah père infortuné !

IDOMÉNÉE.

Rebelle à ma tendresse,
Je fus près d'obéir : mais Idamante enfin
Mit mon ame au dessus des dieux et du destin ;
Je n'envisageai plus le vœu ni la tempête ;
Je baignai de mes pleurs une si chère tête.
Le ciel voulut en vain me rendre furieux ;
La nature à son tour fit taire tous les dieux.
Sophronyme, qui veut peut braver leur puissance ;
Mais ne peut pas qui veut éviter leur vengeance.
A peine de la Crète eus-je touché les bords,
Que je la vis remplir de mourants et de morts.

ACTE I, SCÈNE II.

En vain j'adresse au ciel une plainte importune;
J'ai trouvé tous les dieux du parti de Neptune.

SOPHRONYME.

Qu'espérez-vous des dieux en leur manquant de foi?

IDOMÉNÉE.

Que du moins leur courroux n'accablera que moi;
Que le ciel, fatigué d'une injuste vengeance,
Plus équitable enfin, punira qui l'offense;
Que je ne verrai point la colère des dieux
S'immoler par mes mains un sang si précieux.

SOPHRONYME.

Seigneur, à ce dessein vous mettez un obstacle :
Pourquoi par Égésippe interroger l'oracle?
Vos peuples, informés du sort de votre fils,
Voudront de leur salut que son sang soit le prix.

IDOMÉNÉE.

Que le ciel, que la Crète à l'envi le demandent,
N'attends point que mes mains à leur gré le répandent.
J'interroge les dieux! ce n'est pas sans frayeur :
L'oracle est trop écrit dans le fond de mon cœur.
J'interroge les dieux! que veux-tu que je fasse?
Pouvois-je à mes sujets refuser cette grace?
Un peuple infortuné m'en presse par ses cris :
J'ai résisté long-temps, à la fin j'y souscris.
Tu vois trop à quel prix il faut le satisfaire.
Ne puis-je être son roi qu'en cessant d'être père?
Mais pourquoi m'alarmer? Les dieux pourroient parler...
Non, les dieux sur ce point n'ont rien à révéler.
Que le ciel parle ou non sur ce cruel mystère,
Ne puis-je pas forcer Égésippe à se taire?

SOPHRONYME.

Il se tairoit en vain : par le ciel irrité
Son silence, seigneur, sera-t-il imité ?
A se taire long-temps pourrez-vous le contraindre ?
Que je prévois de maux ! que vous êtes à plaindre !

IDOMÉNÉE.

Tu me plains : mais, malgré ta sincère amitié,
Tu n'auras pas toujours cette même pitié,
Quand tu sauras les maux dont le destin m'accable,
Et que l'amour a part à mon sort déplorable....
Je vois, à ce nom seul, ta vertu s'alarmer ;
Et la mienne a long-temps craint de t'en informer.
Tu sais que Mérion, à mon retour d'Asie,
De son sang criminel paya sa perfidie :
Lorsque je refusois une victime aux dieux,
J'osai bien m'immoler ce prince ambitieux.
Qu'il m'en coûte ! Sa fille, en ces lieux amenée,
Érixène a comblé les maux d'Idoménée.
Croirois-tu que mon cœur, nourri dans les hasards,
N'a pu de deux beaux yeux soutenir les regards ;
Et que j'adore enfin, trop facile et trop tendre,
Les restes de ce sang que je viens de répandre ?

SOPHRONYME.

Quoi ! seigneur, vous aimez ! et parmi tant de maux....

IDOMÉNÉE.

Cet amour dans mon cœur s'est formé dès Samos.
Mérion, incertain du succès de ses armes,
Y crut mettre sa fille à l'abri des alarmes.
Je la vis, je l'aimai ; conduite par Arcas,
Je la fis dans ces lieux amener sur mes pas.

Il semble qu'une fille à mes regards si chère
Devoit me dérober la tête de son père;
Mais Vénus, attentive à se venger de moi,
Fit bientôt dans mon cœur céder l'amant au roi.
J'immolai Mérion, et ma naissante flamme
En vain en sa faveur combattit dans mon ame;
Vénus, qui me gardoit de sinistres amours,
De ce prince odieux me fit trancher les jours.
Que dis-je? dans le sang du père d'Érixène
J'espérois étouffer mon amour et ma haine :
Je m'abusois; mon cœur, par un triste retour,
Défait de son courroux, n'en eut que plus d'amour.
Si depuis mes malheurs je ne l'ai pas vu naître,
En dois-je moins rougir d'avoir pu le connoître ?

SOPHRONYME.

Menacé chaque jour du sort le plus affreux,
Nourrissez-vous, seigneur, un amour dangereux?

IDOMÉNÉE.

Je ne le nourris point, puisque je le déteste :
C'étoit des dieux vengeurs le coup le plus funeste.
Que n'a point fait mon cœur pour affoiblir le trait !

SCÈNE III.

IDOMÉNÉE, IDAMANTE, SOPHRONYME, POLYCLÈTE.

IDOMÉNÉE, bas à Sophronyme.

Je vois mon fils : laissons cet entretien secret.
Je t'ai tout découvert, mon amour et mon crime :
Cache bien mon amour, encor mieux ma victime.

(à Idamante.)
Que cherchez-vous, mon fils, dans cette affreuse nuit ?

IDAMANTE.

Long-temps épouvanté par un horrible bruit,
Tremblant pour des malheurs qui redoublent sans cesse
Sans repos, toujours plein du trouble qui vous presse,
Alarmé pour des jours si chers, si précieux,
Je vous cherche... Pourquoi détournez-vous les yeux ?
Seigneur, qu'ai-je donc fait ? Vous craignez ma présence
Quel traitement, après une si longue absence !

IDOMÉNÉE.

Non, il n'est pas pour moi de spectacle plus doux,
Mon fils ; je ne sais rien de plus aimé que vous.
Mais je ne puis vous voir, que mon cœur ne frémisse ;
Je crains le ciel vengeur, et qu'il ne me ravisse
Un bien......

IDAMANTE.

       Ah ! puisse-t-il, aux dépens de mes jours,
A des maux si cruels donner un prompt secours !
La mort du moins, seigneur, finiroit mes alarmes ;
Vous ne paroissez plus sans m'arracher des larmes ;
Triste, désespéré, vous cherchez à mourir :
Et vous m'aimez, seigneur ! Est-ce là me chérir ?
Le ciel en vain de vous écarte sa colère,
Vous vous faites des maux qu'il ne veut pas vous faire :
Il vous rend à mes pleurs quand je vous crois perdu ;
M'ôterez-vous, seigneur, le bien qu'il m'a rendu ?

IDOMÉNÉE.

Ah mon fils ! nos malheurs ont lassé ma constance,
Et de fléchir les dieux je perds toute espérance,

rop heureux si le ciel, secondant mes souhaits,
Le rejoignoit bientôt à mes tristes sujets !

IDAMANTE.

Pour eux, plus que le ciel, vous seriez inflexible,
Si vous leur prépariez un malheur si terrible.
Tous les dieux ne sont point contre vous ni contre eux,
Puisqu'il nous reste encore un roi si généreux :
Conservez-le, seigneur, et terminez nos craintes.
Peut-être que le ciel, plus sensible à nos plaintes,
Va s'expliquer bientôt, et, fléchi désormais....

IDOMÉNÉE.

Ah mon fils ! puisse-t-il ne s'expliquer jamais !
dieu.

SCÈNE IV.

IDAMANTE, POLYCLÈTE.

IDAMANTE.

De cet accueil qu'attendre, Polyclète ?
Que ce silence affreux me trouble et m'inquiète !
Que m'annonce mon père ? Il me voit à regret :
Auroit-il pénétré mon funeste secret ?
Sait-il par quel amour mon ame est entraînée ?
Hélas ! bien d'autres soins pressent Idoménée :
Un roi comblé de gloire, et qui n'aima jamais,
Ne s'informera point si j'aime ou si je hais.
Il ignore qu'un sang qui fit toute sa haine
Fasse tout mon amour, que j'adore Érixène.
Que ne m'est-il permis d'ignorer à mon tour
Que la haine sera le prix de mon amour !

Crébillon. I.

Je défis Mérion; plus juste ou plus sévère,
Le roi sacrifia ce prince téméraire :
Prémices d'un retour fatal à tous les deux,
Prémices d'un amour encor plus malheureux.
C'est en vain que mon cœur brûle pour Érixène;
En vain....

SCÈNE V.
IDAMANTE, ÉRIXÈNE, POLYCLÈTE
ISMÈNE.

IDAMANTE.

Dans cette nuit, ciel ! quel dessein l'amène?
(à Érixène.)
Madame, quel bonheur ! Eussé-je cru devoir
A la fureur des dieux le plaisir de vous voir ?

ÉRIXÈNE.

J'espérois, mais en vain, jouir de leur colère;
J'ai cru que cette nuit alloit venger mon père,
Et que le juste ciel, de sa mort irrité,
N'en verroit point le crime avec impunité.
D'un courroux légitime inutile espérance !
Avec trop de lenteur le ciel sert ma vengeance :
En vain pour vous punir il remplit tout d'horreurs,
Puisqu'il peut de mes maux épargner les auteurs.

IDAMANTE.

J'ignore auprès des dieux ce qui nous rend coupables,
J'ignore quel forfait les rend inexorables;
Mais je sais que le sang qui fait couler vos pleurs
N'a point sur nous, madame, attiré ces malheurs.

ACTE I, SCÈNE V.

Avant qu'un sang si cher eût arrosé la terre,
Le ciel avoit déjà fait gronder son tonnerre.
Ainsi, pour vous venger, n'attendez rien des dieux,
Si ce n'est de l'Amour, qui peut tout par vos yeux.
Que le courroux du ciel de cent villes fameuses
Fasse de longs déserts, des retraites affreuses ;
Que les ombres du Styx habitent ce séjour ;
Tout vous vengera moins qu'un téméraire amour.
Seul il a pu remplir vos vœux et votre attente :
Je défis votre père, il vous livre Idamante :
Lorsque vous imploriez les traits d'un dieu vengeur,
Tous les traits de l'Amour vous vengeoient dans mon cœur.

ÉRIXÈNE.

Quoi ! seigneur, vous m'aimez ?

IDAMANTE.

Jamais l'Amour, madame,
Dans le cœur des humains n'alluma plus de flamme.
Sans espoir, dans vos fers toujours plus engagé....

ÉRIXÈNE.

O mon père ! ton sang va donc être vengé !

IDAMANTE.

Si l'amour près de vous peut expier un crime,
Je rends grace à l'Amour du choix de la victime :
Heureux même, à ce prix, que vous daigniez souffrir
Les vœux qu'un tendre cœur brûloit de vous offrir !
Je sais trop que vos pleurs condamnent ma tendresse ;
Au sang que vous pleurez, hélas ! tout m'intéresse.

ÉRIXÈNE.

Que m'importent, cruel, les vains regrets du cœur,
Après que votre main a servi sa fureur ?

IDAMANTE.

J'ai suivi mon devoir, madame; et sa défaite
Importoit à mes soins, importoit à la Crète.
La sûreté du prince ordonna ce trépas;
Et, pour comble de maux, j'ignorois vos appas.
Mérion a rendu sa perte légitime :
Sa mort, sans mon amour, ne seroit pas un crime.

ÉRIXÈNE.

C'est-à-dire, seigneur, qu'il mérita son sort?
Sans vouloir démêler les causes de sa mort,
Si de ces tristes lieux le funeste héritage
Du superbe Minos dut être le partage;
Si mon père, sorti du sang de tant de rois,
D'Idoménée enfin a dû subir les lois;
Quel espoir a nourri cet amour qui m'outrage?
Et pourquoi m'en offrir un imprudent hommage?
Vainqueur de Mérion, fils de son assassin,
La source de mes pleurs s'ouvrit par votre main :
Est-ce pour les tarir que vos feux se déclarent?
Songez-vous que ces pleurs pour jamais nous séparent?
Sous le poids de vos fers, je n'arrive en ces lieux
Que pour y recevoir les plus tristes adieux.
Mérion expiroit; sa tremblante paupière
A peine lui laissoit un reste de lumière;
Son sang couloit encore, et couloit par vos coups :
Barbare ! en cet état me parloit-il pour vous?
Qu'il m'est doux de vous voir brûler pour Érixène !
Conservez votre amour, il servira ma haine.
Adieu, seigneur : c'est trop vous permettre un discours
Dont ma seule vengeance a dû souffrir le cours.

SCÈNE VI.

IDAMANTE. POLYCLÈTE.

POLYCLÈTE.

Ah seigneur ! falloit-il découvrir ce mystère ?
Avez-vous dû parler ?

IDAMANTE.

Ai-je donc pu me taire ?
Près de l'objet enfin qui cause mon ardeur,
Pouvois-je retenir tant d'amour dans mon cœur ?
Que dis-tu ? Toujours plein de cette ardeur extrême,
Le hasard sans témoin m'offre tout ce que j'aime ;
Et tu veux de l'amour que j'étouffe la voix,
Libre de m'expliquer pour la première fois !
D'un attrait si puissant, eh ! comment se défendre ?
Mon amour malheureux vouloit se faire entendre....
Mais quel trouble inconnu remplit mon cœur d'effroi !
Cherchons dans ce palais à rejoindre le roi :
Allons. Bientôt la nuit, moins terrible et moins sombre,
Va découvrir les maux qu'elle cachoit dans l'ombre.
Ces lieux sont éclairés d'un triste et foible jour :
Égésippe déjà doit être de retour.
Suis-moi : près de mon père il faut que je me rende.
Sachons, pour s'appaiser, ce que le ciel demande.
Quel présage ! et qu'attendre en ces funestes lieux,
Si tout, jusqu'à l'amour, sert le courroux des dieux ?

FIN DU PREMIER ACTE.

ACTE SECOND.

SCÈNE I.

ÉRIXÈNE, ISMÈNE.

ISMÈNE.

Madame, en ce palais pourquoi toujours errante ?

ÉRIXÈNE.

Lieux cruels, soutenez ma fureur chancelante;
Lieux encor teints du sang qui me donna le jour,
Du tyran de la Crète infortuné séjour,
Éternels monuments d'une douleur amère;
Lieux terribles, témoins de la mort de mon père;
Lieux où l'on m'ose offrir de coupables amours,
Prêtez à ma colère un utile secours:
Retracez-moi sans cesse une triste peinture ;
Contre un honteux amour défendez la nature.
O toi qui vois la peine où ce feu me réduit,
Vénus, suis-je d'un sang que ta haine poursuit ?
Ou faut-il qu'en des lieux remplis de ta vengeance
Les cœurs ne puissent plus brûler dans l'innocence ?
Laisse au sang de Minos ses affronts, ses horreurs;
Sur ce sang odieux signale tes fureurs.

Laisse au sang de Minos Phèdre et le labyrinthe,
Au mien sa pureté sans tache et sans atteinte.

ISMÈNE.

Madame, quel transport ! qu'entends-je ! et quel discours !
Quoi ! vous vous reprochez de coupables amours !

ÉRIXÈNE.

Tout reproche à mon cœur le feu qui me dévore ;
Je respire un amour que ma raison abhorre.
De mon père en ces lieux j'ose trahir le sang ;
De mon père immolé je viens rouvrir le flanc ;
A la main des bourreaux je joins ma main sanglante ;
Enfin, ce cœur si fier brûle pour Idamante.

ISMÈNE.

Vainqueur de votre père....

ÉRIXÈNE.

Ismène, ce vainqueur
Sut sans aucun effort se soumettre mon cœur.
Je me défiois peu de la main qui m'enchaîne,
Ayant tant de sujets de vengeance et de haine ;
Ni qu'Idamante en dût interrompre le cours,
Avec tant de raisons de le haïr toujours ;
Comptant sur ma douleur, ma fierté, ma colère,
Et, pour tout dire enfin, sur le sang de mon père ;
Et mon père en mes bras ne faisoit qu'expirer,
Lorsqu'un autre que lui me faisoit soupirer.
Aux yeux encor pleins d'un spectacle effroyable
Idamante parut, et parut trop aimable.
Aujourd'hui même encor l'amour a prévalu :
J'allois céder, Ismène, ou peu s'en est fallu.

Quand le prince m'a fait le récit de sa flamme,
Il entraînoit mon cœur, il séduisoit mon ame :
Déjà ce foible cœur, d'accord avec le sien,
Lui pardonnoit un feu qu'autorise le mien.
Des pleurs que j'ai versés prête à lui faire grace,
Mon amour m'allioit aux crimes de sa race :
Près de ce prince, enfin, mon esprit combattu,
Sans un peu de fierté, me laissoit sans vertu ;
Et lorsque ma raison a rappelé ma gloire,
Dans le fond de mon cœur j'ai pleuré ma victoire.

ISMÈNE.

Votre cœur sans regret ne peut donc triompher
D'un feu qu'en sa naissance il falloit étouffer ?
Ah ! du moins, s'il n'en peut domter la violence,
Faites à vos transports succéder le silence.

ÉRIXÈNE.

Si je craignois qu'un feu déclaré malgré moi
Dût jamais éclater devant d'autres que toi,
Dans la nuit du tombeau toujours prête à descendre,
J'irois ensevelir ce secret sous ma cendre.
Quoiqu'à mes yeux peut-être Idamante ait trop plu,
Il me sera toujours moins cher que ma vertu ;
D'un amour que je crains il aura tout à craindre :
Avec ma haine seule il seroit moins à plaindre.
Non, mon père, ton sang lâchement répandu
A tes fiers ennemis ne sera point vendu ;
Et le cruel vainqueur qui surprend ma tendresse
Ajoute à ses forfaits celui de ma foiblesse.
Je saurai le punir de son crime et du mien....
Le roi paroît.... Fuyons un fâcheux entretien.

SCÈNE II.

IDOMÉNÉE, ÉRIXÈNE, SOPHRONYME, ISMÈNE.

IDOMÉNÉE.

...me, demeurez.... Demeurez, Érixène.
...u par sa mort vient d'éteindre ma haine;
...ne craignez point ma rencontre en ces lieux :
...pouvez y rester sans y blesser mes yeux.
...me fut cher; mais de cet infidèle
...enfaits redoublés ne firent qu'un rebelle.
...savez, l'ingrat, pour prix de ces bienfaits,
...tre leur roi soulever mes sujets.
...ne fut de près suivi par son supplice,
...sang n'a que trop satisfait ma justice :
...is à regret laver son attentat;
...devois sa tête à nos lois, à l'état :
...de vous j'oublie une loi trop sévère,
...de mes pareils la haine héréditaire.

ÉRIXÈNE.

...nt de sa mort, votre haine s'éteint
...ng d'un héros dont ce palais est teint,
..., que ce sang éternise en mon ame,
...ul aspect se redouble et s'enflamme.
...n père, hélas ! de mille coups percé;
...ang cependant n'est pas encor versé....
...rt fût enfin injuste ou légitime,
...moi du moins songez qu'elle est un crime :

Mon courroux là-dessus ne connoît point de loi
Qui puisse dans mon cœur justifier un roi.
De maximes d'état colorant ce supplice,
Vous prétendez en vain couvrir votre injustice :
Le ciel, qui contre vous semble avec moi s'unir,
De ce crime odieux va bientôt vous punir ;
Contre vous dès long-temps un orage s'apprête;
De mes pleurs chaque jour je grossis la tempête.
Puissent les justes dieux, sensibles à mes pleurs,
A mon juste courroux égaler vos malheurs !
Et puissé-je à regret voir que toute ma haine
Voudroit en vain y joindre une nouvelle peine!

IDOMÉNÉE.

Ah! madame, cessez de si funestes vœux;
N'offrez point à nos maux un cœur si rigoureux.
Vous ignorez encor ce que peuvent vos larmes :
Ne prêtez point aux dieux de si terribles armes,
Belle Érixène; enfin, n'exigez plus rien d'eux.
Non, jamais il ne fut un roi plus malheureux :
Du destin ennemi je n'ai plus rien à craindre :
J'éprouve des malheurs dont vous pourriez me plain
Ces beaux yeux, sans pitié qui pourroient voir ma n
Ne refuseroient pas des larmes à mon sort.
Sur mon peuple des dieux la fureur implacable
Des maux que je ressens est le moins redoutable :
Sur le sang de Minos un dieu toujours vengeur
A caché les plus grands dans le fond de mon cœur.
Objet infortuné d'une longue vengeance,
J'oppose à mes malheurs une longue constance :

ACTE II, SCÈNE II.

Mon cœur sans s'émouvoir les verroit en ce jour,
S'il n'eût brûlé pour vous d'un malheureux amour.

ÉRIXÈNE.

C'étoit donc peu, cruel ! qu'avec ignominie
Mon père eût terminé sa déplorable vie ;
Ce n'étoit point assez que votre bras sanglant
Eût jeté dans les miens Mérion expirant :
De son sang malheureux votre courroux funeste
Vient jusque dans mon cœur poursuivre encor le reste !
Oui, tyran, cet amour dont brûle votre cœur
N'est contre tout mon sang qu'un reste de fureur.

IDOMÉNÉE.

Le reste de ce sang m'est plus cher que la vie :
Souffrez qu'un tendre amour me le réconcilie.
Madame, je l'aimai, je vous l'ai déjà dit ;
Songez que Mérion lui-même se perdit.....
Quoi ! rien ne peut fléchir votre injuste colère !
Trouverai-je partout le cœur de votre père ?
Sa révolte à vos yeux eut-elle tant d'attraits ?
Mon amour aura-t-il le sort de mes bienfaits ?
Vous verrai-je, au moment que cet amour vous flatte,
Achever les forfaits d'une famille ingrate ?

ÉRIXÈNE.

Achever des forfaits ! C'est au sang de Minos
A savoir les combler, non au sang d'un héros.

SCÈNE III.

IDOMÉNÉE, SOPHRONYME.

SOPHRONYME.

Que faites-vous, seigneur ? est-il temps que votre ame
S'abandonne aux transports d'une honteuse flamme ?

IDOMÉNÉE.

Pardonne ; tu le vois, la raison à son gré
Ne règle pas un cœur par l'amour égaré.
Je me défends en vain : ma flamme impétueuse
Détruit tous les efforts d'une ame vertueuse ;
D'un poison enchanteur tous mes sens prévenus
Ne servent que trop bien le courroux de Vénus.
Je sens toute l'horreur d'un amour si funeste ;
Mais je chéris ce feu que ma raison déteste :
Bien plus, de ma vertu redoutant le retour,
Je combats plus souvent la raison que l'amour.

SOPHRONYME.

Ah seigneur ! est-ce ainsi que le héros s'exprime ?
Est-ce ainsi qu'un grand cœur cède au joug qui l'opprime ?
Le courroux de Vénus peut-il autoriser
Des fers que votre gloire a dû cent fois briser ?
Parmi tant de malheurs, est-ce au vainqueur de Troie
A compter un amour dont il se fait la proie ?
Qu'est devenu ce roi plus grand que ses aïeux,
Que ses vertus sembloient élever jusqu'aux dieux,
Et qui, seul la terreur d'une orgueilleuse ville,
Cent fois aux Grecs tremblants fit oublier Achille ?

L'amour, avilissant l'honneur de ses travaux,
Sous la honte des fers m'a caché le héros.
Peu digne du haut rang où le ciel l'a fait naître,
Un roi n'est qu'un esclave où l'amour est le maître.
N'allez point établir sur son foible pouvoir
L'oubli de vos vertus ni de votre devoir.
Que l'amour soit en nous ou penchant ou vengeance,
La foiblesse des cœurs fait toute sa puissance.
Mais, seigneur, s'il est vrai que, maîtres de nos cœurs,
De nos divers penchants les dieux soient les auteurs,
Quand même vous croiriez que ces êtres suprêmes
Pourroient déterminer nos cœurs malgré nous-mêmes,
Essayez sur le vôtre un effort glorieux;
C'est là qu'il est permis de combattre les dieux.
Ce n'est point en faussant une auguste promesse
Qu'il faut contre le ciel vous exercer sans cesse.
Se peut-il que l'amour vous impose des lois ?
Et le titre d'amant est-il fait pour les rois ?
Au milieu des vertus où sa grande ame est née,
Doit-on de ses devoirs instruire Idoménée ?

IDOMÉNÉE.

A ma raison du moins laisse le temps d'agir,
Et combats mon amour sans m'en faire rougir.
Avec trop de rigueur ton entretien me presse :
Plains mes maux, Sophronyme, ou flatte ma foiblesse.
A ce feu que Vénus allume dans mon sein,
Reconnois de mon sang le malheureux destin.
Pouvois-je me soustraire à la main qui m'accable ?
Respecte des malheurs dont je suis peu coupable.

Pasiphaé ni Phèdre, en proie à mille horreurs,
N'ont jamais plus rougi dans le fond de leurs cœurs.
Mais que dis-je ? est-ce assez qu'en secret j'en rougisse,
Lorsqu'il faut de ce feu que mon cœur s'affranchisse ?
Hé ! d'un amour formé sous l'aspect le plus noir
Dans mon cœur sans vertu quel peut être l'espoir ?
Ennemi, malgré moi, du penchant qui m'entraîne,
Je n'ai point prétendu couronner Érixène :
Je m'ôte le seul bien qui pouvoit l'éblouir ;
De ma couronne enfin un autre va jouir.

SOPHRONYME.

Gardez-vous de tenter un coup si téméraire.

IDOMÉNÉE.

Par tes conseils en vain tu voudrois m'en distraire.
A mon fatal amour, tu connoîtras du moins
Que j'ai donné mon cœur, sans y donner mes soins :
Car enfin, dépouillé de cet auguste titre,
Ton roi de son amour ne sera plus l'arbitre.
Dans ces lieux, où bientôt je ne pourrai plus rien,
Mon fils va devenir et ton maître et le mien.
Essayons si des dieux la colère implacable
Ne pourra s'appaiser par un roi moins coupable ;
Ou du moins, sur un vœu que le ciel peut trahir,
Mettons-nous hors d'état de jamais obéir.
Non comme une victime aux autels amenée,
Tu verras couronner le fils d'Idoménée.
Le ciel après, s'il veut, se vengera sur moi :
Mais il n'armera point ma main contre mon roi ;
Et, si c'est immoler cette tête sacrée,
La victime par moi sera bientôt parée.

ACTE II, SCÈNE III.

Ce prince ignore encor quel sera mon dessein ;
Sait-il que je l'attends ?

SOPHRONYME.

Dans le temple prochain,
Au ciel, par tant d'horreurs qui poursuit son supplice,
Il prépare, seigneur, un triste sacrifice ;
Et, mouillant de ses pleurs d'insensibles autels,
Pour vous, pour vos sujets il s'offre aux immortels.

IDOMÉNÉE.

Vous n'êtes point touchés d'une vertu si pure !
Pardonnez donc, grands dieux, si mon cœur en murmure.
O mon fils !

SCÈNE IV.

IDOMÉNÉE, SOPHRONYME, ÉGÉSIPPE.

IDOMÉNÉE.

MAIS que vois-je ? et quel funeste objet !
Égésippe revient, tremblant, triste, défait !
Que dois-je soupçonner ? Ah mon cher Sophronyme !
Le ciel impitoyable a nommé sa victime.

ÉGÉSIPPE.

Elle victime encor ! que de pleurs, de regrets,
Vont coûter des dieux les barbares décrets !
Pourrai-je sans frémir nommer....

IDOMÉNÉE.

Je t'en dispense ;
Couvre plutôt ce nom d'un éternel silence :

De ton secret fatal je suis peu curieux,
Et sur ce point enfin j'en sais plus que les dieux.

SOPHRONYME.

Écoutez cependant.

IDOMÉNÉE.

Que veux-tu que j'écoute ?
D'un arrêt inhumain tu crois donc que je doute ?...
Mais poursuis, Égésippe.

ÉGÉSIPPE.

Au pied du mont sacré
Qui fut pour Jupiter un asile assuré,
J'interroge en tremblant le dieu sur nos misères;
Le prêtre destiné pour les secrets mystères
Se traîne, prosterné, près d'un antre profond;
Ouvre..... Avec mille cris le gouffre lui répond ;
D'affreux gémissements et des voix lamentables
Formoient à longs sanglots des accents pitoyables,
Mais qui venoïent à moi comme des sons perdus,
Dont résonnoit le temple en échos mal rendus.
Je prêtois cependant une oreille attentive,
Lorsqu'enfin une voix, plus forte et plus plaintive,
A paru rassembler tant de cris douloureux,
Et répéter cent fois : « O roi trop malheureux ! »
Déjà saisi d'horreur d'une si triste plainte,
Le prêtre m'a bientôt frappé d'une autre crainte,
Quand, relevant sur lui mes timides regards,
Je le vois, l'œil farouche et les cheveux épars,
Se débattre long-temps sous le dieu qui l'accable,
Et prononcer enfin cet arrêt formidable :

« Le roi n'ignore pas ce qu'exigent les dieux :
Maître encor de la Crète et de sa destinée,
Il porte dans ses mains le salut de ces lieux;
  Il faut le sang d'Idoménée. »

IDOMÉNÉE.

Le roi n'ignore pas ce qu'exigent les dieux !
  (à Sophronyme.)
Tu vois si les cruels pouvoient s'expliquer mieux.
Graces à leur fureur, toute erreur se dissipe;
J'entrevois..... Il suffit : laisse-nous, Égésippe.
Sur un secret enfin qui regarde ton roi,
Songe, malgré les dieux, à lui garder ta foi.

SCÈNE V.

IDOMÉNÉE, SOPHRONYME.

IDOMÉNÉE.

Tu vois sur nos destins ce que le ciel prononce :
Eu redoutois-je à tort la funeste réponse ?
Il demande mon fils; je n'en puis plus douter,
Ni de mon trépas même un instant me flatter.
Mânes de mes sujets, qui des bords du Cocyte
Plaignez encor celui qui vous y précipite,
Pardonnez : tout mon sang, prêt à vous secourir,
Auroit coulé, si seul il me falloit mourir;
Mais le ciel irrité veut que mon fils périsse,
Et mon cœur ne veut pas que ma main obéisse.
Moi, je verrois mon fils sur l'autel étendu !
Tout son sang couleroit par mes mains répandu !

3.

Non, il ne mourra point.... je ne puis m'y résoudre.
Ciel, n'attends rien de qui n'attend qu'un coup de fou

SCÈNE VI.

IDOMÉNÉE, IDAMANTE, SOPHRONYM

IDAMANTE.

Par votre ordre, seigneur....

IDOMÉNÉE.

Dieux ! qu'est-ce que je vo

IDAMANTE.

Quelles horreurs ici répandent tant d'effroi ?
Quels regards ! D'où vous vient cette sombre tristesse ?
Quelle est en ce moment la douleur qui vous presse ?
Du temple dans ces lieux aujourd'hui de retour,
Égésippe, dit-on, s'est fait voir à la cour.
Le ciel a-t-il parlé ? sait-on ce qu'il exige ?
Est-ce un ordre des dieux, seigneur, qui vous afflige ?
Savons-nous par quel crime....

IDOMÉNÉE.

Un silence cruel
Avec le crime encor cache le criminel.
Ne cherchons point des dieux à troubler le silence ;
Assez d'autres malheurs éprouvent ma constance....
Ah ! mon fils, si jamais votre cœur généreux
A partagé les maux d'un père malheureux,
Si vous fûtes jamais sensible à ma disgrace,
Au trône en ce moment daignez remplir ma place.

ACTE II, SCÈNE VI.

IDAMANTE.

Moi, seigneur?

IDOMÉNÉE.

Oui, mon fils : mon cœur reconnoissant
Ne veut point que ma mort vous en fasse un présent.
Je sais que c'est un rang que votre cœur dédaigne ;
Mais qu'importe? Il le faut.... régnez....

IDAMANTE.

Moi, que je règne,
Et que j'ose à vos yeux me placer dans un rang
Où je dois vous défendre au prix de tout mon sang!
A cet ordre, seigneur, est-ce à moi de souscrire?
Ciel! est-ce à votre fils à vous ravir l'empire?

IDOMÉNÉE.

Régnez, mon fils, régnez sur la Crète et sur moi;
Je le demande en père, et vous l'ordonne en roi.
Cher prince, à mes désirs que votre cœur se rende :
Pour la dernière fois peut-être je commande.

IDAMANTE.

Si votre nom ici ne doit plus commander,
N'attendez point, seigneur, de m'y voir succéder :
Et qui peut vous forcer d'abandonner le trône?

IDOMÉNÉE.

Eh bien! régnez, mon fils.... c'est le ciel qui l'ordonne....

IDAMANTE.

Le ciel lui-même, hélas! le garant de ma foi,
Le ciel m'ordonneroit de détrôner mon roi!
De tout ce que j'entends que ma frayeur redouble!
Ah! par pitié, seigneur, éclaircissez mon trouble;

Dissipez les horreurs d'un si triste entretien :
Est-il dans votre cœur des secrets pour le mien ?
Parlez, ne craignez point d'augmenter mes alarmes ;
C'est trop se taire.... Ah ciel ! je vois couler vos larmes.
Vous me cachez en vain ces pleurs que j'ai surpris.
Dieux ! que m'annoncez-vous ? Ah seigneur !....

IDOMÉNÉE.

Ah mon fils !
Voyez où me réduit la colère céleste....
Sophronyme, fuyons cet entretien funeste....

IDAMANTE.

Où fuyez-vous, seigneur ?

IDOMÉNÉE.

Je vous fuis à regret,
Mon fils; vous n'en saurez que trop tôt le secret.

SCÈNE VII.

IDAMANTE, seul.

Dieux ! quel trouble est le mien ! Quel horrible mystè
Fait fuir devant mes yeux Sophronyme et mon père ?
Non, suivons-le : son cœur encor mal affermi
Ne me pourra cacher son secret qu'à demi :
Je l'ai vu s'émouvoir, et contre ma poursuite
Il se défendoit mal sans une prompte fuite.
Pénétrons.... Mais d'où vient que je me sens glacer ?
Quelle horreur à mes sens vient de se retracer !
Quelle invisible main m'arrête et m'épouvante ?
Allons.... Où veux-je aller ? et qu'est-ce que je tente ?

ACTE II, SCENE VII.

quel secret et encor prétends-je être informé ?
ne connoîs-je pas le sang qui m'a formé ?
touché des vertus du grand Idoménée,
iel rendit à toujours sa vie infortunée :
funeste courroux l'arracha de sa cour,
'a que trop depuis signalé son retour.
renfermons plutôt mon trouble et mes alarmes,
d'oser pénétrer dans d'odieuses larmes.
ons-le cependant.... Pour calmer mon effroi,
x, faites que ces pleurs ne coulent que pour moi.

FIN DU SECOND ACTE.

ACTE TROISIÈME

SCÈNE I.

ÉRIXÈNE, ISMÈNE.

ISMÈNE.

Enfin l'Amour soumet aux charmes d'Érixène
L'objet de sa tendresse et l'objet de sa haine.
Vous triomphez, madame; et vos fiers ennemis
Bientôt par vos appas se verront désunis.

ÉRIXÈNE.

Quel triomphe! peux-tu me le vanter encore,
Quand je ne puis domter le feu qui me dévore?
Après ce que mon cœur en éprouve en ce jour,
Du soin de me venger dois-je charger l'Amour?
En me livrant le fils s'il flattoit ma colère,
Je ne l'implorois pas pour me venger du père.
Tant qu'aux lois de l'Amour mon cœur sera soumis,
Que dois-je en espérer contre mes ennemis?

ISMÈNE.

Vous pouvez donc, madame, employant d'autres ar
Punir sans son secours l'auteur de tant de larmes,
Puisque le juste ciel, de concert avec vous,
Semble sur vos désirs mesurer son courroux.

ut vous livre à l'envi le fier Idoménée :
un arrêt des dieux sa tête est condamnée ;
racle la demande, et ce funeste jour
le punir des maux que vous fit son retour.
vous voulez vous-même, achevant sa disgrace,
ter le coup affreux dont le ciel le menace,
pandez le secret qui vous est dévoilé ;
qu'Égésippe en vain ne l'ait point révélé.
prince votre père ami toujours fidèle,
us voyez à quel prix il vous marque son zèle :
tez-le, madame, et qu'un sang odieux
vos soins aujourd'hui se répande en ces lieux :
l'intérêt des dieux faites votre vengeance,
d'un peuple expirant faites-en la défense ;
atrez-lui son salut dans ce terrible arrêt :
, vous, les dieux enfin, n'avez qu'un intérêt....
ù vient que je vous vois interdite et tremblante
ignez-vous d'exciter les plaintes d'Idamante ?

ÉRIXÈNE.

as ! si près des maux où je vais le plonger,
seul moment pour lui ne puis-je m'affliger ?
veux-tu ? je frémis du spectacle barbare
mon juste courroux en ces lieux lui prépare
ens trop, par les pleurs que je verse aujourd'hui,
lle est l'horreur du coup qui va tomber sur lui.
sais que pour le roi son amour est extrême.

ISMÈNE.

e vous reste plus que d'aimer le roi même.
ntends-je ? De vos pleurs importunant les dieux,
plaintes chaque jour font retentir ces lieux ;

Et quand le ciel prononce au gré de votre envie,
Vous n'osez plus poursuivre une odieuse vie !
Songez, puisque les dieux vous ouvrent leurs secrets,
Qu'ils vous chargent par-là du soin de leurs décrets.
Et qu'auriez-vous donc fait, si, trompant votre attent
L'oracle eût demandé la tête d'Idamante,
Puisque vous balancez....

ÉRIXÈNE.

A quoi bon ces transports ?
Je conçois bien, sans toi, de plus nobles efforts.
Malgré tout mon amour, mon devoir est le même :
Mais peut-on sans trembler opprimer ce qu'on aime ?
Un je ne sais quel soin me saisit malgré moi,
Et mon propre courroux redouble mon effroi.
Ne crains rien cependant ; mais laisse sans contrainte
A des cœurs malheureux le secours de la plainte.
Je n'ai point succombé pour avoir combattu,
Et tes raisons ici ne font point ma vertu....
Égésippe en ces lieux se fait long-temps attendre.

SCÈNE II.

ÉRIXÈNE, ISMÈNE, ÉGÉSIPPE.

ÉGÉSIPPE.

MADAME, pardonnez : j'ai dû plus tôt m'y rendre ;
Mais un ordre pressant, que je n'attendois pas,
Malgré moi loin de vous avoit porté mes pas.
C'en est fait, le tyran échappe à notre haine.
Hâtons notre vengeance, ou sa fuite est certaine ;

ACTE III, SCÈNE II.

Ses vaisseaux sont tout prêts; et déjà sur les flots
Remontent à l'envi soldats et matelots.
Un gros de nos amis près d'ici se rassemble:
Tandis que dans ces lieux tout gémit et tout tremble,
On peut dans ce désordre échapper du palais.
Venez au peuple enfin vous montrer de plus près....
Mais le tyran paroît; évitez sa présence.
Je vais dès ce moment servir votre vengeance.

SCÈNE III.

IDOMÉNÉE, ÉGÉSIPPE.

IDOMÉNÉE.

Les vaisseaux sont-ils prêts?

ÉGÉSIPPE.

Oui, seigneur; mais les eaux
D'un naufrage assuré menacent vos vaisseaux:
La mer gronde, et ses flots font mugir le rivage;
L'air s'enflamme, et ses feux n'annoncent que l'orage.
De qui doit s'embarquer je déplore le sort.
Seroit-ce vous, seigneur?

IDOMÉNÉE.

Qu'on m'aille attendre au port.

SCÈNE IV.

IDOMÉNÉE, seul.

Ainsi donc tout menace une innocente vie!
O mon fils!! faudra-t-il qu'elle te soit ravie?
Des dieux sans pitié ne te puis-je arracher?
Quel asile contre eux désormais te chercher?

Que n'ai-je point tenté ? Je t'offre ma couronne ;
Un départ rigoureux par moi-même s'ordonne ;
Je crois t'avoir sauvé quand j'y puis consentir :
Et les ondes déjà s'ouvrent pour t'engloutir !
Fuis cependant, mon fils : l'orage qui s'apprête
Est le moindre péril qui menace ta tête.
Quoique je n'aie, hélas ! rien de plus cher que toi,
Tu n'as point d'ennemi plus à craindre que moi.
O mon peuple ! ô mon fils ! promesse redoutable !
Roi, père malheureux ! dieux cruels ! vœu coupable !
O ciel, de tant de maux toujours moins satisfait,
Tu n'as jamais tonné pour un moindre forfait !
Et vous, fatal objet d'une flamme odieuse,
Érixène, à mon cœur toujours trop précieuse,
Fuyez avec mon fils de ces funestes lieux :
Pour tout ce qui m'est cher j'y dois craindre les dieux.

SCÈNE V.

IDOMÉNÉE, IDAMANTE.

IDAMANTE.

MALGRÉ l'affreux péril du plus cruel naufrage,
On dit que vos vaisseaux vont quitter le rivage :
Quoique de ces apprêts mon cœur soit alarmé,
Je ne viens point, seigneur, pour en être informé ;
Je sais de vos secrets respecter le mystère,
Et l'on ne m'en fait plus l'heureux dépositaire.

IDOMÉNÉE.

Mon cœur, que ce reproche accuse de changer,
Vous tait des maux qu'il craint de vous voir partager ;

ACTE III, SCÈNE V.

l'en est cependant dont il faut vous instruire.

(à part.)

Ces vaisseaux.... ces apprêts.... Ciel! que lui vais-je dire?
Ah mon fils!... Non, mon cœur n'y sauroit consentir.

IDAMANTE.

Dieux! que vous m'alarmez!

IDOMÉNÉE.

Mon fils, il faut partir.

IDAMANTE.

Qui doit partir?

IDOMÉNÉE.

Vous.

IDAMANTE.

Moi! Ciel! qu'entends-je?

IDOMÉNÉE.

Vous-même.

Il falloit accepter l'offre du diadême:
Fuyez, mon fils, fuyez un ciel trop rigoureux,
Un rivage perfide, un père malheureux.

IDAMANTE.

Ciel! qui m'a préparé cette horrible disgrace?
La mort même entre nous ne peut mettre un espace.
N'accablez point mon cœur d'un pareil désespoir.
Je goûte à peine, hélas! le bien de vous revoir....
Pourquoi régner? pourquoi faut-il que je vous quitte?
Quel est donc le projet que votre ame médite?

IDOMÉNÉE.

Voyez par quels périls vos jours sont menacés :
Fuyez, n'insistez plus; je crains, c'en est assez.

Jugez par mon amour de ce que je dois craindre,
Puisqu'à nous séparer ce soin m'a pu contraindre;
Jugez de mes frayeurs.... Ah ! loin de ces climats
Allez chercher des dieux qui ne se vengent pas.

IDAMANTE.

Eh ! que pourroit m'offrir une terre étrangère,
Que des dieux ennemis, si je ne vois mon père ?
Vos dieux seront les miens : laissez-moi, près de vous,
De ces dieux irrités partager le courroux.

IDOMÉNÉE.

Ah ! fuyez-moi.... fuyez le ciel qui m'environne.
Fuyez, mon fils, fuyez.... puisqu'enfin je l'ordonne;
Et, sans vous informer du secret de mes pleurs,
Fuyez, ou redoutez le comble des horreurs;
Avec vous à Samos conduisez Érixène.

IDAMANTE.

Seigneur....

IDOMÉNÉE.

Ce ne doit plus être un objet de haine
Des crimes de son père immolé par nos lois
La fille n'a point dû porter l'injuste poids.
Adieu : peut-être un jour le destin moins sévère
Vous permettra, mon fils, de revoir votre père.
Dérobez cependant à des dieux ennemis
Une princesse aimable, un si généreux fils.

IDAMANTE.

Érixène ! eh ! pourquoi compagne de ma fuite ?
Expliquez.... Mais je vois que votre ame est instruite.
Érixène, seigneur, m'est un présent bien doux ;
Mais tout cède à l'horreur de m'éloigner de vous.

ACTE III, SCÈNE V.

te départ quel astre pourroit luire?
désespoirs où vous m'allez réduire.
sur cet exil vous croyez me tenter :
m'offrez, seigneur, moins je puis vous quitter.
ois trop, hélas !... Quelle tendresse extrême !
en même jour et sceptre et ce que j'aime !

IDOMÉNÉE.

le que vous aimez ?

IDAMANTE.

Ah ! pardonnez, seigneur ;
vous savez les secrets de mon cœur.
: j'en ai fait un coupable mystère ;
pour vous tromper, je voulusse m'en taire....
feu qu'en mon sein j'avois cru renfermer,
seigneur, encore a pu vous informer ?
qu'il soit trop vrai que j'adore Érixène....

IDOMÉNÉE.

z, dieux cruels ; ajoutez à ma peine :
arvenu, par tant de maux divers,
défier le ciel et les enfers.
ute plus votre courroux funeste,
les dieux ! ce coup en est le reste.
euple à présent signalez vos fureurs ;
est assez, versez-les dans nos cœurs.
s tous les deux, saisis de votre rage,
n par l'autre, achever votre ouvrage.
veaux dangers arrachez-moi des vœux :
ous jamais un sort plus rigoureux ?

4.

IDAMANTE.

Où s'égare, seigneur, votre ame furieuse ?
Érixène cessoit de vous être odieuse,
Disiez-vous ; et pour elle un reste de pitié
Sembloit vous dépouiller de toute inimitié.
Haïriez-vous toujours cet objet adorable ?

IDOMÉNÉE.

Si je le haïssois, seriez-vous si coupable ?
O de tous les malheurs malheur le plus fatal !

IDAMANTE.

Seigneur....

IDOMÉNÉE.

   Ah ! fils ingrat, vous êtes mon rival !

IDAMANTE.

O ciel !

IDOMÉNÉE.

   De quelle main part le trait qui me blesse !
Réserviez-vous, cruel ! ce prix à ma tendresse ?
Je ne verrai donc plus dans mes tristes états
Que des dieux ennemis et des hommes ingrats !
Quoi ! toujours du destin la barbare injustice
De tout ce qui m'est cher fera donc mon supplice !
Imprudent que j'étois ! et j'allois couronner
Ce fils qu'à ma fureur je dois abandonner !
Mais c'en est fait, l'amour de mon devoir décide.

IDAMANTE.

Mon père....

IDOMÉNÉE.

   O nom trop doux pour un fils si perfide.

ACTE III, SCÈNE V.

IDAMANTE.

'accablez point, seigneur, un fils infortuné,
 des maux infinis par l'amour condamné.
uisqu'enfin votre cœur s'en est laissé surprendre,
 ugez si d'Érixène on pouvoit se défendre.
Hélas ! je ne craignois, adorant ses appas,
Que d'aimer un objet qui ne vous plairoit pas;
Et mon cœur, trop épris d'une odieuse chaîne,
Oublioit son devoir dans les yeux d'Érixène.
Mais si l'aimer, seigneur, est un si grand forfait,
L'Amour m'en punit bien par les maux qu'il me fait.

IDOMÉNÉE.

Voilà l'unique fruit qu'il en falloit attendre.
D'un amour criminel qu'osiez-vous donc prétendre?
Et quel étoit l'espoir de vos coupables feux,
Quand chaque jour le crime augmentoit avec eux?
Qu'Érixène à mes yeux fût odieuse ou chère,
Vos feux également offensoient votre père.
Je veux bien cependant, juge moins rigoureux,
Vous en accorder, prince, un pardon généreux,
Mais pourvu que votre ame, à mes désirs soumise,
Renonce à tout l'amour dont je la vois éprise.

IDAMANTE.

Ah ! quand même mon cœur oseroit le vouloir,
Aimer, ou n'aimer pas, est-il en mon pouvoir?
Je combattrois en vain une ardeur téméraire:
L'Amour m'en a rendu le crime nécessaire.
Malgré moi de ce feu je vis mon cœur atteint.
Peut-être malgré moi je l'y verrois éteint.

Mais ce cœur, à l'amour que je n'ai pû soustraire,
Dans le rival du moins aime toujours un père.
Par un nom si sacré tout autre suspendu....
IDOMÉNÉE.
Dans le nom de rival tout nom est confondu.
Vous n'êtes plus mon fils; ou, peu digne de l'être,
Je vois que tout mon sang n'en a formé qu'un traître.
IDAMANTE.
Où fuirai-je ? grands dieux ! De quels noms ennemis
Accablez-vous, seigneur, votre malheureux fils !
Ah ! quels noms odieux me faites-vous entendre !
Quelle horreur pour un fils respectueux et tendre !
Songez-vous que ce fils est encor devant vous,
Ce fils long-temps l'objet de sentiments plus doux ?
Brûlant d'un feu cruel que je ne puis éteindre,
Vous me devez, seigneur, moins haïr que me plaindre;
Et si ma flamme enfin est un crime si noir,
Vous êtes bien vengé par mon seul désespoir.
Cessez de m'envier une importune flamme :
Odieux à l'objet qui sait charmer mon ame,
Abhorré d'un rival que j'aimerai toujours,
Seigneur, voilà le fruit de mes tristes amours.
Mais, puisque de ce feu qui tous deux nous anime
Sur mon cœur trop épris est tombé tout le crime,
Je saurai m'en punir; et je sens que ce cœur
Vous craint déjà bien moins que sa propre fureur.
Désormais tout en proie au transport qui me guide,
Je vous délivrerai de ce fils si perfide.
Si mon coupable cœur vous trahit malgré-moi,
Mon bras plus innocent saura venger mon roi.

ACTE III, SCÈNE V.

Ce n'est pas d'aujourd'hui qu'il sert votre vengeance,
Et je vais en punir ce cœur qui vous offense.
(Il tire son épée.)
Soyez donc satisfait....

IDOMÉNÉE, l'arrêtant.

Arrêtez, furieux....

IDAMANTE.

Laissez couler le sang d'un rival odieux.

IDOMÉNÉE.

Mon fils !...

IDAMANTE.

D'un nom si cher m'honorez-vous encore ?
Laissez-moi me punir d'un feu qui me dévore.

IDOMÉNÉE.

Ma vertu jusque-là ne sauroit se trahir.
Va, fils infortuné.... je ne te puis haïr.

IDAMANTE.

Ah seigneur !...

IDOMÉNÉE.

Laissez-moi, fuyez ma triste vue;
Ne renouvelons plus un discours qui me tue.

SCÈNE VI.

IDOMÉNÉE, seul.

INEXORABLES dieux, vous voilà satisfaits !
Pour un nouveau courroux vous reste-t-il des traits ?
Finis tes tristes jours, père, amant déplorable....
Vengeons-nous bien plutôt, si mon fils est coupable.

Que sais-je si l'ingrat ne s'est point fait aimer ?
Sans doute, puisqu'il aime, il aura su charmer.
Il triomphe en secret de mon amour funeste :
Il est aimé; je suis le seul que l'on déteste.
Tout mon courroux renaît à ce seul souvenir.
Livrons l'ingrat aux dieux. Qui me peut retenir ?
Coule sur nos autels tout le sang d'Idamante....
Coule plutôt le tien....

SCÈNE VII.

IDOMÉNÉE, SOPHRONYME.

IDOMÉNÉE.

Quel objet se présente ?
Ah ! c'est toi.... Quel malheur au mien peut être égal,
Sophronyme ? Mon fils....

SOPHRONYME.

Seigneur ?

IDOMÉNÉE.

Est mon rival !

SOPHRONYME.

Il est temps pour jamais d'oublier l'inhumaine.
Ignorez-vous, seigneur, le crime d'Érixène,
Celui de Mérion ici renouvelé ?
L'arrêt des dieux, enfin, au peuple est révélé :
Par Égésippe instruit....

IDOMÉNÉE.

Ciel ! que viens-tu m'apprendre

SOPHRONYME.

Du port, où par votre ordre il m'a fallu descendre,

ACTE III, SCÈNE VII.

Je revenois, seigneur : un grand peuple assemblé
M'attire par ses cris, par un bruit redoublé.
Par le sens de l'oracle Érixène trompée,
Du soin de se venger toujours plus occupée,
De l'intérêt des dieux prétextant son courroux,
Tâchoit de soulever vos sujets contre vous ;
De tout par Égésippe encor plus mal instruite,
A vos sujets tremblants révéloit votre fuite ;
Leur disoit que le ciel, pour unique secours,
Attachoit leur salut à la fin de vos jours.
Pour eux, par leurs regrets, du grand Idoménée
Contents de déplorer la triste destinée,
Ils sembloient seuls frappés par l'arrêt du destin :
Égésippe a voulu les exciter en vain.
Pour moi, qui frémissois de tant de perfidie,
Je le poursuis, l'atteins, et le laisse sans vie,
Désabuse le peuple ; et, content désormais,
J'ai ramené, seigneur, la princesse au palais.

IDOMÉNÉE.

Sujets infortunés, qu'en mon cœur je déplore,
Au milieu de vos maux me plaignez-vous encore ?
Ce qui m'aime à sa perte est par moi seul livré,
Et tout ce qui m'est cher contre moi conjuré !
Cruel à notre tour, qu'Idamante périsse ;
De celui d'Érixène augmentons son supplice ;
Faisons-leur du trépas un barbare lien ;
Dans leur sang confondu mêlons encor le mien....
Vains transports qu'a formés ma fureur passagère !
Hélas ! qui fut jamais plus amant et plus père ?...

Mes peuples cependant, par moi seul accablés....
SOPHRONYME.
Ah seigneur ! leurs tourments sont encor redoublés;
Depuis que le destin a fait des misérables,
On n'éprouva jamais de maux plus redoutables :
Je frémis des horreurs où ce peuple est réduit.
Un gouffre sous Ida s'est ouvert cette nuit :
Ce roc, qui jusqu'aux cieux sembloit porter sa cime,
Au lieu qu'il occupoit n'a laissé qu'un abîme ;
Et de ce roc entier à nos yeux disparu,
Loin d'en être comblé, ce gouffre s'est accru :
Nous touchons tout vivants à la rive infernale.
De ce gouffre profond un noir venin s'exhale ;
Et vos sujets, frappés par des feux dévorants,
Tombent de toutes parts, déjà morts ou mourants.
Aux seuls infortunés le trépas se refuse....
IDOMÉNÉE.
Et c'est de tant d'horreurs les dieux seuls qu'on accuse !
Mais quoi ! toujours les dieux ! Et qui d'eux ou de moi,
Négligeant sa promesse, a donc manqué de foi ?
Malheureux ! tes serments, qu'a suivis le parjure,
Ont soulevé les dieux et toute la nature.
Pour sauver un ingrat, tes soins pernicieux
Trop long-temps sur ton peuple ont exercé les dieux :
A tes sujets enfin cesse d'être contraire.
Eh ! que leur sert un roi, s'il ne leur sert de père ?
Leur salut désormais est ta suprême loi,
Et le sang de son peuple est le vrai sang d'un roi....
Depuis quand tes sujets t'éprouvent-ils si tendre ?
Depuis quand ce devoir...? L'Amour vient te l'apprendre

ACTE III, SCÈNE VII.

Voilà de ces grands soins le retour trop fatal :
Tu n'es roi que depuis qu'un fils est ton rival ;
Contre lui l'Amour seul arme tes mains impies ;
Voilà le dieu, barbare ! à qui tu sacrifies.
Étouffons tout l'amour dont mon cœur est épris ;
N'y laissons plus régner que la gloire et mon fils.
Sur les mêmes vaisseaux préparés pour sa fuite,
Qu'Érixène à Samos aujourd'hui soit conduite.
Allons... et que mon cœur, délivré de ses feux,
Commence par l'Amour à triompher des dieux.

FIN DU TROISIÈME ACTE.

ACTE QUATRIÈME.

SCÈNE I.

ÉRIXÈNE, ISMÈNE.

ÉRIXÈNE.

En vain tu veux calmer le transport qui m'agite :
Foibles raisonnements dont ma douleur s'irrite !
Laisse-moi, porte ailleurs tes funestes avis ;
Il m'en a trop coûté pour les avoir suivis.
Vois ce qu'à tes conseils aujourd'hui trop soumise
Je viens de recueillir d'une vaine entreprise ;
Vois ce que ta fureur et la mienne ont produit :
Mon départ et ma honte en seront tout le fruit.
Je ne reverrai plus ce prince que j'adore ;
Et, pour comble d'horreur, mon amour croît encore !
En armant contre lui mon devoir inhumain,
Cruelle ! tu m'as mis un poignard dans le sein.
Cher prince, pardonnez.....

SCÈNE II.

IDAMANTE, ÉRIXÈNE, ISMÈNE.

ISMÈNE.

     Je le vois qui s'avance.
De vos transports, du moins, cachez la violence.

ÉRIXÈNE.

Eh ! comment les cacher ? Je sais que je le dois ;
Mais le puis-je, et le voir pour la dernière fois ?
Fuyons-le cependant ; sa présence m'étonne.

IDAMANTE.

Où fuyez-vous, madame ?

ÉRIXÈNE.

Où mon devoir l'ordonne.

IDAMANTE.

Du moins à la pitié laissez-vous émouvoir.
Vous ne l'avez que trop signalé, ce devoir :
Avec tant de courroux, hélas ! qu'a-t-il à craindre ?
Vous ne m'entendrez plus soupirer ni me plaindre.
Vous partez, je vous aime, et vous me haïssez ;
Mes malheurs dans ces mots semblent être tracés.
Cependant ce départ, mon amour, votre haine,
Ne font pas aujourd'hui ma plus cruelle peine.
C'étoit peu que votre ame, insensible à mes vœux,
Eût de tout son courroux payé mes tendres feux :
Ce malheureux amour que votre cœur abhorre,
Malgré tous vos mépris, que je chéris encore ;
Cet amour qui, malgré votre injuste rigueur,
N'a jamais plus régné dans le fond de mon cœur ;
Cet amour qui faisoit le bonheur de ma vie,
Il faut à mon devoir que je le sacrifie.
Non que mon triste cœur, par ce cruel effort,
Renonce à vous aimer ; mais je cours à la mort :
Heureux si mon trépas, devenu légitime,
Des pleurs que j'ai causés peut effacer le crime !

Mais si c'en étoit un d'adorer vos beaux yeux,
Je ne suis pas le seul criminel en ces lieux.
Ce qu'en vain Mérion attendoit de ses armes,
Vous seule en un moment l'avez pu par vos charmes :
Tout vous livre à l'envi cet empire fatal.
Régnez, vous le pouvez.... mon père est mon rival.

ÉRIXÈNE.

Je connois les transports et de l'un et de l'autre,
Et je sais jusqu'où va son audace et la vôtre :
Son téméraire amour n'a que trop éclaté.

IDAMANTE.

Sans vous en offenser vous l'avez écouté !
Je ne m'étonne plus du malheur qui m'accable,
Ni que vos yeux cruels me trouvent si coupable.
Votre cœur, à son tour épris pour un héros,
N'a pas toujours haï tout le sang de Minos.
Pour mon père en secret vous brûliez, inhumaine !
Et moi seul en ces lieux j'exerçois votre haine.
Quoi ! vous m'abandonnez à mes soupçons jaloux !
Suis-je le malheureux ? madame, l'aimez-vous ?

ÉRIXÈNE.

Moi, je pourrois l'aimer ! et dans le fond de l'ame
J'aurois sacrifié mon devoir à sa flamme !
Dieux ! qu'est-ce que j'entends ? Seigneur, osez-vous bien
Reprocher à mon cœur l'égarement du sien ?
Après ce qu'a produit sa cruauté funeste,
Qui ? moi, j'approuverois des feux que je déteste,
Un amour par le sang, par les pleurs condamné,
Et devenu forfait dès l'instant qu'il est né !

ACTE IV, SCÈNE II.

Ouvrez vos yeux, cruel! et voyez quel spectacle
A mis à son amour un invincible obstacle.
Son crime dans ces lieux est partout retracé;
Le sang qui les a teints n'en est point effacé.
Là, mon père sanglant vint s'offrir à ma vue,
Et tomber dans les bras de sa fille éperdue :
Vos yeux, comme les miens, l'ont vu sacrifier;
Faut-il d'autres témoins pour me justifier?
Tout ce que j'ai tenté pour m'immoler sa tête,
L'oracle révélé, mon départ qui s'apprête,
Ma fierté, ma vertu, cent outrages récents,
Voilà pour mon devoir des titres suffisants.
Ne croyez pas, seigneur, que mon cœur les oublie....
Mais que dis-je? et d'où vient que je me justifie?...
Gardez tous vos soupçons : bien loin de les bannir,
Je dois aider moi-même à les entretenir.

IDAMANTE.

Eh bien! pour m'en punir, désormais moins sévère,
Regardez sans courroux la flamme de mon père :
Il vous aime, madame, il est digne de vous.
Si j'ai fait éclater des sentiments jaloux,
Pardonnez aux transports de mon ame éperdue :
Je ne connoissois point le poison qui me tue.
Mais, quel que soit l'amour dont je brûle aujourd'hui,
Ma vertu contre vous deviendra mon appui :
Je verrai, sans regret, parer du diadême
Un front que mon amour n'en peut orner lui-même.
Remontez dès ce jour au rang de vos aïeux :
Votre vertu, madame, appaisera les dieux.

Que ne pourra sur eux une reine si belle ?
Pour moi, jusqu'à la mort toujours tendre et fidèle,
J'irai sans murmurer, loin de lui, loin de vous,
Sacrifier au roi mon bonheur le plus doux....
Mais on vient... C'est lui-même. Il vous cherche, madame...
Dieux ! quel trouble cruel s'élève dans mon ame !...
Vous ne partirez point, puisqu'il veut vous revoir :
Vous règnerez.... O ciel ! quel est mon désespoir !

SCÈNE III.

IDOMÉNÉE, ÉRIXÈNE, SOPHRONYME,
ISMÈNE.

ÉRIXÈNE.

Vous triomphez, seigneur ; ma vengeance échouée
Par le sort ennemi se voit désavouée :
Ainsi ne forcez plus des yeux baignés de pleurs
A revoir de mes maux les barbares auteurs.
D'un sang qu'il faut venger partout environnée,
Et pour toute vengeance aux pleurs abandonnée,
Pour appaiser la voix de ce sang qui gémit,
Je n'entends que soupirs dont ma vertu frémit.
Hâtez par mon départ la fin de ma misère ;
Laissez-moi loin de vous aller pleurer mon père ;
Permettez....

IDOMÉNÉE.

Vous pouvez, libre dans mes états,
Au gré de vos souhaits déterminer vos pas.
Mes ordres sont donnés ; et la mer appaisée
Offre de toutes parts une retraite aisée ;

Mes vaisseaux sont tout prêts.... Si la fin de mes jours
De vos pleurs cependant peut arrêter le cours,
Madame, demeurez.... Ma tête condamnée
Du funeste bandeau va tomber couronnée :
Je vais, pour contenter vous et les immortels....

ÉRIXÈNE.

Je vais donc de ce pas vous attendre aux autels.

SCÈNE IV.

IDOMÉNÉE, SOPHRONYME.

SOPHRONYME.

Quel orgueil ! Mais quel est ce dessein qui m'étonne ?
Par vos ordres exprès quand son départ s'ordonne,
Pourquoi l'arrêtez-vous sur l'espoir d'un trépas ?

IDOMÉNÉE.

Pourquoi le lui cacher, et ne l'en flatter pas,
Puisque je vais mourir ?

SOPHRONYME.

    Vous mourir ! Dieux ! qu'entends-je ?

IDOMÉNÉE.

Pour t'étonner si fort, qu'a ce dessein d'étrange ?
Plût au sort que mes mains eussent moins différé
A rendre au ciel un sang dont il est altéré !
Pour conserver celui que sa rigueur demande,
C'est le mien aujourd'hui qu'il faut que je répande.

SOPHRONYME.

Que dites-vous, seigneur ? quel affreux désespoir !

IDOMÉNÉE.

D'un nom plus glorieux honore mon devoir :

Quand j'aurai vu mon fils, je cours y satisfaire.
Je n'attends plus de vous qu'une paix sanguinaire,
Dieux justes ! Cependant d'un peuple infortuné
Détournez le courroux qui m'étoit destiné ;
Cessez à mes sujets de déclarer la guerre,
Et jusqu'à mon trépas suspendez le tonnerre :
Tout mon sang va couler.

SOPHRONYME.

      D'un si cruel transport
Qu'espérez-vous ?

IDOMÉNÉE.

     Du moins, la douceur de la mort.
Je n'obéirai point ; le ciel impitoyable
M'offre en vain en ces lieux un spectacle effroyable.
Les mortels peuvent-ils vous offenser assez
Pour s'attirer les maux dont vous les punissez,
Dieux puissants ? Qu'ai-je vu ? quel funeste ravage !
J'ai cru me retrouver dans le même carnage
Où mon bras se plongeoit sur les bords phrygiens,
Pour venger Ménélas des malheureux Troyens.
Les maux des miens, hélas ! sont-ils moins mon ouvrage ?
Une seconde Troie a signalé ma rage.
J'ai revu mes sujets, si tendres pour leur roi,
Pâles et languissants se traîner après moi.
Tu les as vus, tout près de perdre la lumière,
S'empresser pour revoir l'auteur de leur misère.
Non, j'ai le cœur encor tout percé de leurs cris :
J'ai cru dans chacun d'eux voir expirer mon fils.
De leur salut enfin cruel dépositaire,
Essayons si ma mort leur sera salutaire.

ACTE IV, SCÈNE IV. 57

Meurs du moins, roi sans foi, pour ne plus résister
A ces dieux que ta main ne veut pas contenter.

SOPHRONYME.

Dans un si grand projet votre vertu s'égare :
A des crimes nouveaux votre ame se prépare.
Vous mourrez moins, seigneur, pour contenter les dieux,
Que pour vous dérober au devoir de vos vœux.
Voulez-vous, ajoutant le mépris à l'offense,
Porter jusqu'aux autels la désobéissance ?
Vous vous offrez en vain pour fléchir sa rigueur ;
Le ciel veut moins de nous l'offrande, que le cœur.
Qu'espérez-vous, seigneur ? que prétendez-vous faire ?
Aux dieux, à vous, à nous, de plus en plus contraire,
Voulez-vous, n'écoutant qu'un transport furieux,
Faire couler sans fruit un sang si précieux ?
Eh ! qui de nous, hélas ! témoin du sacrifice,
Voudra de votre mort rendre sa main complice ?
Qui, prêt à se baigner dans le sang de son roi,
Voudroit charger sa main de cet horrible emploi ?
Qui de nous contre lui n'armeroit pas la sienne ?

IDOMÉNÉE.

Je le sais, et n'attends ce coup que de la mienne.

SOPHRONYME.

Eh bien ! avant ce coup, de cette même main
Plongez-moi donc, seigneur, un poignard dans le sein.
Dût retomber sur moi le transport qui vous guide,
Je ne souffrirai point cet affreux parricide.
Nulle crainte en ce jour ne sauroit m'émouvoir,
Lorsqu'il faut vous sauver de votre désespoir.

Je ne vous connois plus ; le grand Idoménée
Laisse à tous ses transports son ame abandonnée.
Ce héros, rebuté d'avoir tant combattu,
A donc mis de lui-même un terme à sa vertu !
Jetez sur vos sujets un regard moins sévère :
Ils vous ont appelé du nom sacré de père ;
De cet auguste nom dédaignant tous les nœuds,
Avez-vous condamné vos sujets malheureux ?
Abandonnerez-vous ce peuple déplorable,
Que votre mort va rendre encor plus misérable ?
Que lui destinez-vous par ce cruel trépas,
Qu'un coup de désespoir qui ne le sauve pas ?

IDOMÉNÉE.

Tu juges mal des dieux ; leur courroux équitable
S'appaisera bientôt par la mort du coupable :
Je vais enfin, pour prix de ce qu'ils ont sauvé,
Rendre à ces mêmes dieux ce qu'ils ont conservé.
Mon cœur, purifié par le feu des victimes,
Mettra fin à vos maux, mettant fin à mes crimes.
Je sens même déjà dans ce cœur s'allumer
L'ardeur du feu sacré qui le doit consumer.
Chaque pas, chaque instant qui retarde mon zèle,
Plonge de mes sujets dans la nuit éternelle.
Ne m'oppose donc plus d'inutiles discours ;
Facilite plutôt le trépas où je cours.
Veux-tu, par les efforts que ton amitié tente,
Conduire le couteau dans le sein d'Idamante ?
Si je pouvois, hélas ! l'immoler en ce jour,
Je croirois l'immoler moins aux dieux qu'à l'amour.

ACTE IV, SCÈNE IV.

Qu'il règne : que sa tête, aujourd'hui couronnée,
Redonne à Sophronyme un autre Idoménée :
Que mon fils, à son tour assuré sur ta foi,
Retrouve dans tes soins tout ce qu'il perd en moi:
Que par toi tous ses pas tournés vers la sagesse
D'un torrent de flatteurs écartent sa jeunesse :
Accoutume son cœur à suivre l'équité :
Conserve-lui surtout cette sincérité
Rare dans tes pareils, aux rois si nécessaire :
Sois enfin à ce fils ce que tu fus au père.
Surmonte ta douleur en ce dernier moment,
Et reçois mes adieux dans cet embrassement.

SOPHRONYME, à genoux.

Non, vous ne mourrez point ; votre cœur inflexible
Nourrit en vain l'espoir d'un projet si terrible.
Immolez-moi, seigneur, ou craignez....

IDOMÉNÉE.

Lève-toi :
Quoique prêt à mourir, je suis toujours ton roi.
Je veux être obéi ; cesse de me contraindre.
Parmi tant de malheurs, est-ce moi qu'il faut plaindre ?
Vois quels sont les tourments qui déchirent mon cœur;
Et, par pitié du moins, laisse-moi ma fureur.

SCÈNE V.

IDOMÉNÉE, IDAMANTE, SOPHRONYME.

IDOMÉNÉE.

Je vois mon fils. Surtout que ta bouche fidèle
De mes tristes projets lui cache la nouvelle :

Je n'en mourrois pas moins ; et tes soins dangereux
Rendroient, sans me sauver, mon destin plus affreux.
Idamante, approchez : votre roi vous fait grace.
Venez, mon fils, venez, qu'un père vous embrasse.
Ne craignez plus mes feux : par un juste retour,
Je vous rends tout ce cœur que partageoit l'amour.
Oui, de ce même cœur qui s'en laissa surprendre,
Ce qu'il vous en ravit, je vous le rends plus tendre.
Oublions mes transports ; mon fils, embrassez-moi.

IDAMANTE.

Par quel heureux destin retrouvé-je mon roi ?
Quel dieu, dans votre sein étouffant la colère,
Me rouvre encor les bras d'un si généreux père ?
Que cet embrassement pour un fils a d'appas !
Je le désirois trop pour ne l'obtenir pas.
Idamante, accablé des rigueurs d'Érixène,
N'en a point fait, seigneur, sa plus cruelle peine :
Hélas ! quel bruit affreux a passé jusqu'à moi !
Vous m'en voyez tremblant et d'horreur et d'effroi.

IDOMÉNÉE.

Prince, de votre cœur que l'effroi se dissipe :
Ce n'est qu'un bruit semé par le traître Égésippe.
Quoi qu'il en soit, je vais, pour m'en éclaircir mieux,
Au pied de leurs autels interroger les dieux.
Heureux si, pour savoir leur volonté suprême,
Je les eusse plus tôt consultés par moi-même !

IDAMANTE.

Permettez-moi, seigneur, d'accompagner vos pas.

IDOMÉNÉE.

Non, mon fils ; où je vais vous ne me suivrez pas.

ACTE IV, SCÈNE V.

D'un mystère où des miens l'unique espoir se fonde
Je veux seul aujourd'hui percer la nuit profonde.
Vous apprendrez bientôt quel sang a dû couler :
Jusque-là votre cœur ne doit point se troubler.
Rejetez loin de vous une frayeur trop vaine :
J'appaiserai les dieux.... Fléchissez Érixène....
Adieu....

IDAMANTE.

Permettez-moi....

IDOMÉNÉE.

Mon fils.... je vous l'ai dit....
Je vais seul aux autels, et ce mot vous suffit.

SCÈNE VI.

IDAMANTE, SOPHRONYME.

IDAMANTE.

Enfin à mes désirs on ne met plus d'obstacle.
Mais que vois-je ? grands dieux ! quel funeste spectacle !
Qui fait couler ces pleurs qui me glacent d'effroi ?
Sophronyme, parlez....

SOPHRONYME.

Qu'exigez-vous de moi ?
O déplorable sang ! famille infortunée !
Fils trop digne des pleurs du grand Idoménée !

IDAMANTE.

A mon cœur éperdu quel soupçon vient s'offrir ?
Parlez, où va le roi ?

SOPHRONYME.

Seigneur, il va mourir.

IDAMANTE.

Ah ciel !

SOPHRONYME.

A sa fureur mettez un prompt obstacle :
Eh ! ce n'est pas son sang que demande l'oracle.

IDAMANTE.

Quoi ! ce n'est pas son sang ! Qu'entends-je ? quelle horreur !
C'est donc le mien ?

SOPHRONYME.

Hélas ! j'en ai trop dit, seigneur !

FIN DU QUATRIÈME ACTE.

ACTE CINQUIÈME.

SCÈNE I.

IDAMANTE, POLYCLÈTE.

IDAMANTE.

Qu'ai-je entendu? grands dieux! quel horrible mystère
M'avoit long-temps voilé l'amitié de mon père!
A la fin sans nuage il éclate à mes yeux
Ce sacrilège vœu, ce mystère odieux.
Vous, peuples, qui craignez d'immoler la victime
Dont le sang doit fléchir le ciel qui vous opprime,
Peuples, cessez de plaindre un choix si glorieux :
Il est beau de mourir pour appaiser les dieux.
   (à Polyclète.)
Sèche ces pleurs honteux où ta douleur te livre :
Que servent tes regrets? que te sert de me suivre?
Dissipe tes soupçons, ne crains rien, laisse-moi;
Je te l'ordonne enfin, va retrouver le roi.
Hélas! quoique sa main, par mes soins désarmée,
Ne laisse aucune crainte à mon ame alarmée;
Quoique partout sa garde accompagne ses pas;
Cependant, s'il se peut, ne l'abandonne pas.
Je voudrois avec toi le rejoindre moi-même;
Mais je crains les transports de sa douleur extrême :

Je me sens pénétré de ses tendres regrets,
Et ne puis, sans mourir, voir ces tristes objets.

SCÈNE II.

IDAMANTE, seul.

Enfin, loin des témoins dont l'aspect m'importune,
Je puis en liberté plaindre mon infortune:
Et mon cœur, déchiré des plus cruels tourments,
Peut donc jouir en paix de ses derniers moments!
Ciel! quel est mon malheur! quelle rigueur extrême!
Quel sort pour ennemis m'offre tout ce que j'aime!
Je trouve en même jour conjurés contre moi
Les implacables dieux, ma princesse, et mon roi.
Pardonnez, dieux puissants, si je vous fais attendre;
Je le retiendrai peu ce sang qu'on va répandre :
Mon cœur de son destin n'est que trop éclairci.
Est-ce pour mes forfaits que vous tonnez ainsi,
Dieux cruels?... Que dis-tu, misérable victime?
Né d'un sang criminel, te manque-t-il un crime?
Qu'avoient fait plus que toi ces peuples malheureux
Que le ciel a couverts des maux les plus affreux?
Va, termine aux autels une innocente vie,
Sans accuser les dieux de te l'avoir ravie;
Et songe, en te flattant de leur choix rigoureux,
Que le sang le plus pur est le plus digne d'eux.
Pourrois-tu regretter, objet de tant de haine,
Quelques jours échappés aux rigueurs d'Érixène?
A qui peut éprouver un sort comme le mien
La mort est-elle un mal, la vie est-elle un bien?

ACTE V, SCÈNE II.

Hélas! si je me plains, et si mon cœur murmure,
Mes plaintes ne sont point l'effet de la nature :
Je crains bien moins le coup qui m'ôtera le jour,
Que le coup qui me doit priver de mon amour.
Allons, c'est trop tarder.... D'où vient que je frissonne?
Est-ce qu'en ce moment ma vertu m'abandonne?
Hélas! il en est temps, courons où je le doi;
Je n'attends que la mort, et l'on n'attend que moi.
Assez sur ses projets mon ame combattue
A cédé....

SCÈNE III.

ÉRIXÈNE, IDAMANTE, ISMÈNE.

IDAMANTE.

Quel objet vient s'offrir à ma vue!
Ah! fuyons.... mon devoir parleroit vainement,
Si je pouvois encore....

ÉRIXÈNE.

Arrêtez un moment.
Vous me voyez, seigneur, inquiète, éperdue :
De mortelles frayeurs je me sens l'ame émue.
De mon devoir toujours prête à subir la loi,
Je courois aux autels peut-être malgré moi;
J'allois voir immoler, dans ma juste colère,
Le sang d'Idoménée aux mânes de mon père :
Qu'ai-je fait! et de quoi se flattoit mon courroux!
On dit que les effets ne tombent que sur vous.

De grace, éclaircissez mon trouble et mes alarmes :
D'un peuple qui gémit et les cris et les larmes,
Des pleurs qu'en ce moment je ne puis retenir,
Tout dans ce trouble affreux sert à m'entretenir.

IDAMANTE.

Il est vrai que le ciel, juste, quoique sévère,
Semble enfin respecter la tête de mon père.
Sous le couteau mortel la mienne va tomber,
Et sous l'arrêt fatal je dois seul succomber,
Madame; trop heureux, si la mort que j'implore
Appaise le courroux de tout ce que j'adore !
Si je puis désarmer le ciel et vos beaux yeux,
Je vais, par un seul coup, contenter tous mes dieux.

ÉRIXÈNE.

Seigneur, il est donc vrai qu'une promesse affreuse
Vous livre aux dieux vengeurs ? Qu'ai-je fait, malheureuse!
J'ai révélé l'oracle, et ma funeste erreur
A d'un arrêt barbare appuyé la fureur.
Mais pouvois-je des dieux pénétrer le mystère,
Et croire vos vertus l'objet de leur colère;
Me défier, enfin, qu'avec eux de concert
J'eusse pu me prêter à la main qui vous perd ?
Non, seigneur, non, jamais votre fière ennemie
N'auroit voulu poursuivre une si belle vie.
Moi, la poursuivre ! Hélas ! les dieux me sont témoins
Que mon cœur malheureux ne haït jamais moins.

IDAMANTE.

Quel bonheur est le mien ! Près de perdre la vie,
Qu'il m'est doux de trouver Érixène attendrie !

ACTE V, SCÈNE III.

ÉRIXÈNE.

Oui, malgré mon devoir, je ressens vos malheurs,
Et ne puis les causer sans y donner des pleurs :
Je ne puis, sans frémir, voir le coup qui s'apprête.
Je ne le verrai point tomber sur votre tête :
Je vais quitter des lieux si terribles pour moi.
Mais je n'y crains pour vous ni les dieux, ni le roi :
Non, je ne puis penser qu'avec tant d'innocence
On ne puisse du ciel suspendre la vengeance.

IDAMANTE.

Ah ! plutôt, s'il se peut, demeurez en ces lieux,
Où je vais appaiser la colère des dieux.
Madame, s'il est vrai qu'Érixène sensible
Ait laissé désarmer son courroux inflexible,
Au nom d'un tendre amour, conservez pour le roi
Cette même pitié que vous marquez pour moi.
Le coup cruel qui va trancher ma destinée
Tombera moins sur moi que sur Idoménée :
Il n'a que trop souffert d'un devoir rigoureux ;
N'accablez plus, madame, un roi si malheureux.
Laissez-vous attendrir à ma juste prière ;
J'ose enfin implorer vos bontés pour mon père.

ÉRIXÈNE.

Ciel ! qu'est-ce que j'entends ? et que me dites-vous ?
Je sens, à ce nom seul, rallumer mon courroux.
Lui ? votre père ? O ciel ! après son vœu funeste,
Gardez de proposer des nœuds que je déteste.
Que jusque-là mon cœur portât l'égarement !
Qui ? lui !... le meurtrier d'un père, d'un amant !

Ma haine contre lui sera toujours la même :
Je l'abhorre.... ou plutôt je sens que je vous ame....;
Où s'égare mon cœur?... De ce que je me dois
Quel oubli ! Mes remords ont étouffé ma voix...
Quand je crois rejeter des nœuds illégitimes,
Mon cœur, au même instant, respire d'autres cimes.
Qu'ai-je dit ? quel secret osé-je révéler ?
Me reste-t-il encor la force de parler ?
Ah ! seigneur, puisqu'enfin je n'ai pu m'en défendre,
A d'éternels adieux vous devez vous attendre.

IDAMANTE.

Que dites-vous ? ô ciel ! Ainsi donc votre cœur
Garde, même en aimant, sa première rigueur !
Calmez de ce transport l'injuste violence.
Votre amour est-il donc un reste de vengeance ?
Faut-il en voir, hélas ! tous mes maux redoubler ?
Ne le déclarez-vous que pour m'en accabler ?
Ah ! cruelle, du moins au moment qu'il éclate,
Cessez de m'envier le bonheur qui me flatte.

ÉRIXÈNE.

Si ce foible bonheur vous flatte, il vous séduit :
Seigneur, de cet aveu ma mort sera le fruit.
Si je cède au transport où mon amour me livre,
A ma gloire du moins je ne sais pas survivre.
Mon malheureux amour passe tous mes forfaits ;
Je ne survivrai pas à l'aveu que j'en fais.
Faut-il jusqu'à ce point que ma gloire s'oublie !
Ah seigneur ! cet aveu me coûtera la vie.
Que le destin épargne ou termine vos jours,
Oui, cet aveu des miens doit terminer le cours;

ACTE V, SCÈNE III.

Et, quel que soit le sort que vous devez attendre,
Je ne vous verrai plus, je n'en veux rien apprendre.
Adieu, seigneur, adieu : qu'à jamais votre cœur
Garde le souvenir d'une si tendre ardeur.
Pour moi, dès ce moment je vais fuir de la Crète;
Heureuse si ma mort prévenoit ma retraite!

IDAMANTE.

Eh quoi! vous me fuyez! Ah! du moins, dans ces lieux,
Laissez-moi la douceur d'expirer à vos yeux :
Ne les détournez point dans ce moment funeste;
Laissez-moi voir encor le seul bien qui me reste.
Demeurez.... ou ma mort....

ÉRIXÈNE.

     Ah! de grace, seigneur,
Par ce cruel discours n'accablez pas mon cœur.
Mon devoir, malgré moi, vous défend de me suivre;
Mais l'amour, malgré lui, vous ordonne de vivre.

SCÈNE IV.

IDAMANTE.

Vous l'ordonnez en vain, je remplirai mon sort;
Et votre seul départ suffisoit pour ma mort.
Rien ne s'oppose plus au devoir qui m'entraîne :
Jusque-là, dieux puissants, suspendez votre haine.
Mais qu'est-ce que j'entends?... Je tremble, je frémis.

SCÈNE V.

IDOMÉNÉE, IDAMANTE, SOPHRONYME, POLYCLÈTE, Gardes.

IDOMÉNÉE.

Vous m'arrêtez en vain, je veux revoir mon fils.
Portez ailleurs les soins d'une amitié cruelle;
Respectez les transports de ma douleur mortelle.
Enfin je le revois.... Je ne vous quitte pas:
Les dieux auront en vain juré votre trépas;
Ils ordonnent en vain cet affreux sacrifice;
Ma main de leur fureur ne sera point complice.

IDAMANTE.

Ah! seigneur, c'en est trop, n'irritez plus les dieux;
N'attirez plus enfin la foudre dans ces lieux;
Venez, sans murmurer, sacrifier ma vie.
Vous ignorez les maux dont elle est poursuivie.
Ah! si je vous suis cher, d'une tendre amitié
Je n'implore, seigneur, qu'un reste de pitié.
Terminez les malheurs d'un fils qui vous en presse;
Accomplissez enfin une auguste promesse:
De vos retardements voyez quel est le fruit.
D'ailleurs, de votre vœu tout le peuple est instruit.
Chaque instant de ma vie est au ciel un outrage;
Acquittez-en ce vœu, puisqu'elle en fut le gage.

IDOMÉNÉE.

Inexorables dieux, par combien de détours
Avez-vous de mes soins su traverser le cours !

ACTE V, SCÈNE V.

Que de votre courroux la fatale puissance
A bien su se jouer de ma vaine prudence !
Barbares ! quand je meurs qu'exigez-vous de moi ?
N'étoit-ce pas assez pour victime qu'un roi ?
Par un sang que versoit un repentir sincère
Je courois aux autels prêt à vous satisfaire :
Hélas ! quand j'ai cru voir la fin de mes malheurs,
Vous avez craint de voir la fin de vos fureurs ;
Il eût fallu vous rendre au sang de la victime.
Gardez donc vos fureurs, et je reprends mon crime :
Je désavoue enfin d'inutiles remords.

IDAMANTE.

Désavouez plutôt ces horribles transports ;
Voyez-en jusqu'ici l'audace infructueuse,
Et revenez aux soins d'une ame vertueuse.
De ces dieux, dont en vain vous bravez le courroux,
Examinez, seigneur, sur qui tombent les coups.
Faut-il, pour attendrir votre ame impitoyable,
Ramener sous vos yeux ce spectacle effroyable ?
Tout périt ; ce n'est plus qu'aux seuls gémissements
Qu'on peut ici des morts distinguer les vivants.
Dans la nuit du tombeau vos sujets vont descendre :
Un seul soupir encor semble les en défendre,
Seigneur ; et ces sujets, prêts à s'immoler tous,
Offrent aux dieux vengeurs ce seul soupir pour vous !
D'un peuple pour son roi si tendre, si fidèle,
Du sang de votre fils récompensez le zèle.
Ces peuples, que le ciel soumit à votre loi,
Ne sont-ils pas, seigneur, vos enfants avant moi ?

Terminez par ma mort l'excès de leur misère :
Dans ces tristes moments soyez plus roi que père :
Songez que le devoir de votre auguste rang
Ne permet pas toujours les tendresses du sang :
Versez enfin le mien, puisqu'il faut le répandre :
Par d'éternels forfaits voulez-vous le défendre ?

IDOMÉNÉE.

Dût le ciel irrité nous rouvrir les enfers,
Dût la foudre à mes yeux embraser l'univers,
Dût tout ce qui respire, étouffé dans la flamme,
Servir de monument aux transports de mon ame,
Dussé-je enfin, de tout destructeur furieux,
Voir ma rage égaler l'injustice des dieux,
Je n'immolerai point une tête innocente.

IDAMANTE.

Ah ! c'est donc trop long-temps épargner Idamante.
Après ce que je sais, après ce que je vois,
Qui fut jamais, seigneur, plus criminel que moi ?
Chaque moment qui suit votre vœu redoutable
Rejette mille horreurs sur ma tête coupable :
Complice du refus que l'on en fait aux dieux,
Tout mon sang désormais me devient odieux.
Disputez-vous au ciel le droit de le reprendre ?
M'enviez-vous, seigneur, l'honneur de vous le rendre ?
Ah ! d'un vœu qui vous rend aux vœux de votre fils,
Trop heureux que ce sang puisse faire le prix !
Sans ce vœu, triste objet de ma douleur profonde,
Je ne vous revoyois que le jouet de l'onde.
Le ciel, plus doux, enfin vous rend à mes souhaits :
Puis-je assez lui payer le plus grand des bienfaits ?

ACTE V., SCÈNE V.

Venez-en aux autels consacrer les prémices :
Signalons de grands cœurs par de grands sacrifices ;
Et montrez-vous aux dieux plus grand que leur courroux,
Par un présent, seigneur, digne d'eux et de vous.

IDOMÉNÉE.

Pour ne t'immoler pas quand je me sacrifie,
Oses-tu me prier d'attenter à ta vie ?
Fils ingrat, fils cruel, à périr obstiné,
Viens toi-même immoler ton père infortuné.
N'attends pas que, touché d'une indigne prière,
J'arme contre tes jours une main meurtrière :
Je saurai, malgré toi, t'en sauver désormais ;
Et de ces tristes lieux je vais fuir pour jamais.

IDAMANTE.

Que dites-vous, seigneur ? et quel dessein barbare....

IDOMÉNÉE.

N'accusez que vous seul du coup qui nous sépare.
Mes peuples, par vous-même instruits de votre sort,
Ne laissent à mon choix que la fuite ou la mort.

IDAMANTE.

Si l'intérêt d'un fils peut vous toucher encore,
Accordez à mes pleurs la grace que j'implore.

IDOMÉNÉE.

Vous tentez sur mon cœur des efforts superflus.
Adieu, mon fils.... mes yeux ne vous reverront plus.

IDAMANTE, à genoux.

Ah ! seigneur, permettez qu'à vos désirs contraire
J'ose encore opposer les efforts....

IDOMÉNÉE.

Téméraire !

Arrêtez, ou craignez que mon juste courroux....

IDAMANTE.

Puisque par ma douleur je ne puis rien sur vous,
Soyez donc le témoin du transport qui m'anime.

(Il se tue.)

Dieux, recevez mon sang; voilà votre victime....

IDOMÉNÉE.

Inhumain !... Juste ciel !.... Ah père malheureux !
Qu'ai-je vu ?

IDAMANTE.

C'est le sang d'un prince généreux :
Le ciel, pour s'appaiser, n'en demandoit point d'autre.

IDOMÉNÉE.

Qu'avez-vous fait, mon fils ?

IDAMANTE.

Mon devoir et le vôtre:
Telle en étoit, seigneur, l'irrévocable loi ;
Il falloit le remplir ou par vous, ou par moi.
Les dieux vouloient mon sang ; ma main obéissante
N'a pas dû plus long-temps épargner Idamante.
De son sang répandu voyez quel est le fruit ;
Le ciel est appaisé, l'astre du jour vous luit :
Trop heureux de pouvoir, dans mon malheur extrême,
Goûter, avant ma mort, les fruits de ma mort même !

IDOMÉNÉE.

Hélas ! du coup affreux qui termine ton sort
N'attends point d'autre fruit que celui de ma mort.
Dieux cruels ! falloit-il qu'une injuste vengeance,
Pour me punir d'un crime, opprimât l'innocence ?

FIN.

ATRÉE

ET

THYESTE,

TRAGÉDIE,

Représentée pour la première fois le 14 mars 1707.

PRÉFACE.

Quoique je ne connoisse que trop combien il est inutile de répondre au public, cette tendresse si naturelle aux hommes pour leurs ouvrages l'a emporté sur mes réflexions. Toute la prudence humaine est un frein léger pour un auteur qui se croit lésé. Ce n'est pas que je ne sache qu'il n'y a plus de salut à faire dans quelque préface que ce soit. Le public semble être devenu d'airain pour nous: inaccessible désormais à tous ces petits traités de paix que nous faisions autrefois avec lui dans nos préfaces, il nous fait de sa critique une espèce de religion incontestable, et veut nous forcer de reconnoître en lui une infaillibilité dont nous ne conviendrons que quand il nous louera. Cela n'empêche pas qu'avec les meilleures raisons du monde nous n'ayons souvent tort. Plus nous voulons nous justifier, plus on nous croit entêtés. Si nous sommes humbles, on nous trouve rampants; si nous sommes modestes, hypocrites; si nous répondons avec fermeté, nous manquons de respect. Un auteur est précisément comme un esclave qui dépend d'un maître capricieux qui le maltraite souvent sans sujet, et qui veut pourtant le maltraiter sans réplique. Que le lecteur ne me sache point mauvais gré si je me trouve aujourd'hui entre ses mains : ce n'est assurément point ma faute. Je proteste, avec toute la bonne foi qu'on peut exiger de moi en pareille occasion; que j'avois renoncé pour jamais à la tentation de me faire mettre sous la presse. Il y a près de trois ans que je refusois constamment mon ATRÉE; et je ne l'aurois effectivement jamais donné, si on ne me l'eût fait voir imprimé en Hollande avec tant de fautes, que les entrailles de père s'émurent : je ne pus, sans pitié, le voir ainsi mutilé. Les fautes d'un imprimeur, avec celles d'un auteur, c'en est trop de moitié. C'est ce qui me détermina en même temps à donner ÉLECTRE, pour qui je craignois un sort semblable; et avec une préface, qui pis est. Pour IDOMÉNÉE, ce fut une témérité de jeune homme qui ne connoît point le risque de l'impression. Mais ce n'est pas cela dont il s'agit; c'est d'ATRÉE. Il n'y a presque personne qui ne se soit soulevé contre ce sujet. Je n'ai rien à répondre, si ce n'est que je n'en suis pas l'inventeur. Je vois bien que j'ai eu tort de concevoir trop fortement la tragédie comme une action funeste qui devoit être présentée aux yeux des spectateurs sous des images intéressantes ; qui doit les conduire à la pitié par la terreur, mais avec des mouvements et des traits qui ne blessent ni leur délicatesse ni les bienséances. Il ne reste plus qu'à savoir si je les ai observées, ces bienséances si nécessaires. J'ai cru pouvoir m'en flatter. Je n'ai rien oublié pour adoucir mon sujet, et pour l'accommoder à nos mœurs. Pour ne point offrir Atrée sous une figure désagréable, je fais enlever Érope aux autels mêmes, et je mets ce prince (s'il m'est permis d'en faire ici la comparaison) justement dans le cas de la Coupe enchantée de La Fontaine :

L'étoit-il ? ne l'étoit-il point ?.

J'ai altéré partout la fable, pour rendre sa vengeance moins affreuse; et il s'en faut bien que mon Atrée soit aussi cruel que celui de Sénèque. Il m'a suffi de faire craindre pour Thyeste toutes les horreurs de la coupe que son frère lui prépare; et il n'y porte pas seulement les lèvres. J'avouerai cependant que cette scène me parut terrible à moi-même : elle me fit frémir, mais ne m'en sembla pas moins digne de la tragédie. Je ne vois pas qu'on doive plutôt l'en exclure, que celle où Cléopâtre, dans RODOGUNE, après avoir fait égorger un de ses fils, veut empoisonner l'autre aux yeux des spectateurs. De quelque indignation qu'on se soit armé contre la cruauté d'Atrée, je ne crois pas qu'on puisse mettre sur la scène tragique un tableau plus parfait que celui de la situation où se trouve le malheureux Thyeste, livré sans secours à la fureur du plus barbare de tous les hommes. Quoiqu'on se fût laissé attendrir aux larmes et aux regrets de ce prince infortuné, on ne s'en éleva pas moins contre moi. On eut la bonté de me laisser tout l'honneur de l'invention; on me chargea de toutes les iniquités d'Atrée : et l'on me regarde encore dans quelques endroits comme un homme noir, avec qui il ne fait pas sûr de vivre; comme si tout ce que l'esprit imagine devoit avoir sa source dans

le cœur. Belle leçon pour les auteurs, qui ne peu[t]
trop leur apprendre avec quelle circonspection i[l]
faut comparoître devant le public ! Une joli[e]
femme, obligée de se trouver parmi des prudes[,]
ne doit pas s'observer avec plus de soin. Enfin, je
n'aurois jamais cru que, dans un pays où il y [a]
tant de maris maltraités, Atrée eût eu si peu d[e]
partisans. Pour ce qui regarde la double réconci[-]
liation qu'on me reproche, je déclare, par avance[,]
que je ne me rendrai jamais sur cet article. Atré[e]
élève Plisthène pour faire périr un jour Thyest[e]
par les mains de son propre fils ; surprend un ser[-]
ment à ce jeune prince, qui désobéit cependant
à la vue de Thyeste. Atrée n'a donc plus de res[-]
source que dans la dissimulation : il feint une piti[é]
qu'il ne peut sentir. Il se sert ensuite des moyen[s]
les plus violents pour obliger Plisthène à exécute[r]
son serment; ce qu'il refuse de faire. Atrée, qu[i]
veut se venger de Thyeste d'une manière digne d[e]
lui, ne peut donc avoir recours qu'à une second[e]
réconciliation. J'ose dire que tout ce qu'un fourb[e]
peut employer d'adresse est mis en œuvre par c[e]
prince cruel. Il est impossible que Thyeste lui[-]
même, fût-il aussi fourbe que son frère, ne donn[e]
dans le piège qui lui est tendu. On n'a qu'à lire l[a]
pièce sans prévention ; l'on verra que je n'ai poin[t]
tort ; et, si cela est, plus Atrée est fourbe, et mieu[x]
j'ai rempli son caractère, puisque la trahison et l[a]
dissimulation sont presque toujours inséparable[s]
de la cruauté.

Cette préface ne concerne que la première édition de mes œuvres, et j'ai cru devoir la laisser telle qu'elle est entre les mains de tout le monde : mais comme le public, à l'égard d'ATRÉE, ne s'est point piqué, dans ses jugements, de cette prétendue infaillibilité que j'ai osé lui reprocher, il est bien juste, puisqu'il a changé de sentiment, que je change de style, et que je fasse succéder la reconnoissance aux plaintes : bien entendu que je ne les lui épargnerai pas, s'il s'avise jamais de ne prendre plus à quelques unes de mes pièces le même plaisir qu'il y a pris autrefois.

PERSONNAGES.

ATRÉE, roi d'Argos.
THYESTE, roi de Mycènes, frère d'Atrée.
PLISTHÈNE, fils d'Ærope et de Thyeste, cru fils d'Atrée.
THÉODAMIE, fille de Thyeste.
EURISTHÈNE, confident d'Atrée.
ALCIMÉDON, officier de la flotte.
THESSANDRE, confident de Plisthène.
LÉONIDE, confidente de Théodamie.
SUITE D'ATRÉE.
GARDES.

La scène est à Chalcys, capitale de l'île d'Eubée, dans le palais d'Atrée.

ATRÉE ET THYESTE,
TRAGÉDIE.

ACTE PREMIER.

SCÈNE I.

ATRÉE, EURISTHÈNE, ALCIMÉDON, GARDES.

ATRÉE.

Avec l'éclat du jour, je vois enfin renaître
L'espoir et la douceur de me venger d'un traître !
Les vents, qu'un dieu contraire enchaînoit loin de nous,
Semblent, avec les flots, exciter mon courroux :
Le calme, si long-temps fatal à ma vengeance,
Avec mes ennemis n'est plus d'intelligence :
Le soldat ne craint plus qu'un indigne repos
Avilisse l'honneur de ses derniers travaux.

Allez, Alcimédon : que la flotte d'Atrée
Se prépare à voguer loin de l'île d'Eubée :
Puisque les dieux jaloux ne l'y retiennent plus,
Portez à tous ses chefs mes ordres absolus.
Que tout soit prêt.

SCÈNE II.

ATRÉE, EURISTHÈNE, GARDES.

ATRÉE, à ses gardes.

Et vous, que l'on cherche Plisthène ;
Je l'attends en ces lieux. Toi, demeure, Euristhène.

SCÈNE III.

ATRÉE, EURISTHÈNE.

ATRÉE.

Enfin ce jour heureux, ce jour tant souhaité
Ranime dans mon cœur l'espoir et la fierté.
Athènes, trop long-temps l'asile de Thyeste,
Éprouvera bientôt le sort le plus funeste :
Mon fils, prêt à servir un si juste transport,
Va porter dans ses murs et la flamme et la mort.

EURISTHÈNE.

Ainsi, loin d'épargner l'infortuné Thyeste,
Vous détruisez encor l'asile qui lui reste !
Ah ! seigneur, si le sang qui vous unit tous deux
N'est plus qu'un titre vain pour ce roi malheureux,

Songez que rien ne peut mieux remplir votre envie
Que le barbare soin de prolonger sa vie.
Accablé des malheurs qu'il éprouve aujourd'hui,
Le laisser vivre encor, c'est se venger de lui.

ATRÉE.

Que je l'épargne, moi! lassé de le poursuivre,
Pour me venger de lui que je le laisse vivre!
Ah! quels que soient les maux que Thyeste ait soufferts,
Il n'aura contre moi d'asile qu'aux enfers :
Mon implacable cœur l'y poursuivroit encore,
S'il pouvoit s'y venger d'un traître que j'abhorre.
Après l'indigne affront que m'a fait son amour,
Je serai sans honneur tant qu'il verra le jour.
Un ennemi qui peut pardonner une offense,
Ou manque de courage, ou manque de puissance.
Rien ne peut arrêter mes transports furieux :
Je voudrois me venger, fût-ce même des dieux.
Du plus puissant de tous j'ai reçu la naissance;
Je le sens au plaisir que me fait la vengeance.
Enfin mon cœur se plaît dans cette inimitié;
Et s'il a des vertus, ce n'est pas la pitié.
Ne m'oppose donc plus un sang que je déteste ;
Ma raison m'abandonne, au seul nom de Thyeste :
Instruit par ses fureurs à ne rien ménager,
Dans les flots de son sang je voudrois le plonger.
Qu'il n'accuse que lui du malheur qui l'accable;
Le sang qui nous unit me rend-il seul coupable ?
D'un criminel amour le perfide enivré
A-t-il eu quelque égard pour un nœud si sacré ?

Mon cœur, qui sans pitié lui déclare la guerre,
Ne cherche à le punir qu'au défaut du tonnerre.
EURISTHÈNE.
Depuis vingt ans entiers ce courroux affoibli
Sembloit pourtant laisser Thyeste dans l'oubli.
ATRÉE.
Dis plutôt qu'à punir mon ame ingénieuse
Méditoit dès ce temps une vengeance affreuse :
Je n'épargnois l'ingrat que pour mieux l'accabler :
C'est un projet enfin à te faire trembler.
Instruit des noirs transports où mon ame est livrée,
Lis mieux dans le secret et dans le cœur d'Atrée :
Je ne veux découvrir l'un et l'autre qu'à toi ;
Et je te les cachois, sans soupçonner ta foi.
Écoute. Il te souvient de ce triste hyménée
Qui d'Ærope à mon sort unit la destinée :
Cet hymen me mettoit au comble de mes vœux ;
Mais à peine aux autels j'en eus formé les nœuds,
Qu'à ces mêmes autels, et par la main d'un frère,
Je me vis enlever une épouse si chère.
Tes yeux furent témoins des transports de mon cœur :
A peine mon amour égaloit ma fureur ;
Jamais amant trahi ne l'a plus signalée.
Mycènes, tu le sais, sans pitié désolée,
Par le fer et le feu vit déchirer son sein ;
Mon amour outragé me rendit inhumain.
Enfin, par ma valeur Ærope recouvrée,
Après un an, revint entre les mains d'Atrée.
Quoique déjà l'hymen, ou plutôt le dépit,
Eussent depuis ce temps mis une autre en mon lit,

ACTE I, SCÈNE III.

Malgré tous les appas d'une épouse nouvelle,
Ærope à mes regards n'en parut que plus belle.
Mais en vain mon amour brûloit de nouveaux feux,
Elle avoit à Thyeste engagé tous ses vœux ;
Et liée à l'ingrat d'une secrète chaîne,
Ærope, le dirai-je ? en eut pour fruit Plisthène.

EURISTHÈNE.

Dieux ! qu'est-ce que j'entends ! Quoi ! Plisthène, seigneur,
Reconnu dans Argos pour votre successeur,
Pour votre fils, enfin ?

ATRÉE.

C'est lui-même, Euristhène :
C'est ce même guerrier, c'est ce même Plisthène
Que ma cour aujourd'hui croit encor, sous ce nom,
Frère de Ménélas, frère d'Agamemnon.
Tu sais, pour me venger de sa perfide mère,
A quel excès fatal me porta ma colère :
Heureux, si le poison qui servit ma fureur
De mon indigne amour eût étouffé l'ardeur !
Celui de l'infidèle éclatoit pour Thyeste
Au milieu des horreurs du sort le plus funeste.
Je ne puis sans frémir y penser aujourd'hui :
Ærope, en expirant, brûloit encor pour lui ;
Voilà ce qu'en un mot surprit ma vigilance
A ceux qui de l'ingrate avoient la confidence.

(Il lui montre une lettre d'Ærope.)

Lettre d'Ærope.

« D'Atrée en ce moment j'éprouve le courroux,

Cher Thyeste, et je meurs sans regretter la vie :
Puisque je ne l'aimois que pour vivre avec vous,
Je ne murmure point qu'elle me soit ravie.
Plisthène fut le fruit de nos tristes amours :
S'il passe jusqu'à vous, prenez soin de ses jours ;
Qu'il fasse quelquefois ressouvenir son père
Du malheureux amour qu'avoit pour lui sa mère. »

Juge de quels succès ses soins furent suivis :
Je retins à la fois son billet et son fils.
Je voulus étouffer ce monstre en sa naissance,
Mais mon cœur plus prudent l'adopta par vengeance ;
Et, méditant dès-lors le plus affreux projet,
Je le fis au palais apporter en secret.
Un fils venoit de naître à la nouvelle reine :
Pour remplir mes projets, je le nommai Plisthène,
Et mis le fils d'Ærope au berceau de ce fils,
Dont depuis m'ont privé les destins ennemis.
C'est sous un nom si cher qu'Argos l'a vu paroître :
Je fis périr tous ceux qui pouvoient le connoître ;
Et, laissant ce secret entre les dieux et moi,
Je ne l'ai jusqu'ici confié qu'à ta foi.
Après ce que tu sais, sans que je te l'apprenne
Tu vois à quel dessein j'ai conservé Plisthène,
Et, puisque la pitié n'a point sauvé ses jours,
A quel usage enfin j'en destine le cours.

EURISTHÈNE.

Quoi ! seigneur, sans frémir du transport qui vous guide,
Vous pourriez réserver Plisthène au parricide ?

ACTE I, SCÈNE III.
ATRÉE.
Oui, je veux que ce fruit d'un amour odieux
Signale quelque jour ma fureur en ces lieux;
Sous le nom de mon fils, utile à ma colère,
Qu'il porte le poignard dans le sein de son père;
Que Thyeste en mourant, de son malheur instruit,
De ses lâches amours reconnoisse le fruit.
Oui, je veux que, baigné dans le sang de ce traître,
Plisthène verse un jour le sang qui l'a fait naître,
Et que le sien après, par mes mains répandu,
Dans sa source à l'instant se trouve confondu.
Contre Thyeste enfin tout paroît légitime.
Je n'arme contre lui que le fruit de son crime :
Son forfait mit au jour ce prince malheureux;
Il faut, par un forfait, les en priver tous deux.
Thyeste est sans soupçons, et son ame abusée
Ne me croit occupé que de l'île d'Eubée :
Je ne suis en effet descendu dans ces lieux
Que pour mieux dérober mon secret à ses yeux.
Athènes, disposée à servir ma vengeance,
Avec moi dès long-temps agit d'intelligence;
Et son roi, craignant tout de ma juste fureur,
De son nom seulement cherche à couvrir l'honneur.
Du jour que mes vaisseaux menaceront Athènes,
De ce jour tu verras Thyeste dans mes chaînes :
Ma flotte me répond de ce qu'on m'a promis;
Je répondrai bientôt et du père et du fils.
EURISTHÈNE.
Eh bien ! sur votre frère épuisez votre haine :
Mais du moins épargnez les vertus de Plisthène.

8.

ATRÉE.

Plisthène, né d'un sang au crime accoutumé,
Ne démentira point le sang qui l'a formé;
Et comme il a déjà tous les traits de sa mère,
Il auroit quelque jour les vices de son père.
Quel peut être le fruit d'un couple incestueux ?
Moi-même j'avois cru Thyeste vertueux :
Il m'a trompé; son fils me tromperoit de même.
D'ailleurs, il lui faudroit laisser mon diadême ;
Le titre de mon fils l'assure de ce rang :
En faudra-t-il pour lui priver mon propre sang ,
Que dis-je ? pour venger l'affront le plus funeste,
En dépouiller mes fils pour le fils de Thyeste ?
C'est ma seule fureur qui prolonge ses jours ;
Il est temps désormais qu'elle en tranche le cours.
Je veux, par les forfaits où ma haine me livre,
Me payer des moments que je l'ai laissé vivre.
Que l'on approuve ou non un dessein si fatal,
Il m'est doux de verser tout le sang d'un rival....

SCÈNE IV.

ATRÉE, PLISTHÈNE, EURISTHÈNE, THESSANDRE, Gardes.

ATRÉE.

Mais Plisthène paroît. Songe que ma vengeance
Renferme des secrets consacrés au silence.
Prince, cet heureux jour, mais si lent à mon gré,
Presse enfin un départ trop long-temps différé ;

ACTE I, SCÈNE IV.

Tout semble en ce moment proscrire un infidèle:
La mer mugit au loin, et le vent vous appelle:
Le soldat, dont ce bruit a réveillé l'ardeur,
Au seul nom de son chef, se croit déjà vainqueur;
Il n'en attend pas moins de sa valeur suprême,
Que ce qu'en vit Élis, Rhodes, cette île même :
Et moi, que ce héros ne sert point à demi,
J'en attends encor plus que n'en craint l'ennemi.
Je connois de ce chef la valeur et le zèle ;
Je sais que je n'ai point de sujet plus fidèle :
Aujourd'hui cependant souffrez, sans murmurer,
Que votre père encor cherche à s'en assurer.
L'affront est grand, l'ardeur de s'en venger extrême :
Jurez-moi donc, mon fils, par les dieux, par moi-même,
(Si le destin pour nous se déclare jamais)
Que vous me vengerez au gré de mes souhaits.
Oui, je puis m'en flatter, je connois trop Plisthène ;
Plus ardent que moi-même, il servira ma haine ;
A peine mon courroux égale son grand cœur :
Il vengera son père.

PLISTHÈNE.

     En doutez-vous, seigneur ?
Eh ! depuis quand ma foi vous est-elle suspecte ?
Avez-vous des desseins que mon cœur ne respecte ?
Ah ! si vous en doutiez, de mon sang le plus pur....

ATRÉE.

Mon fils, sans en douter je veux en être sûr.
Jurez-moi qu'à mes lois votre main asservie
Vengera mes affronts au gré de mon envie.

PLISTHÈNE.

Seigneur, je n'ai point cru que pour servir mon roi
Il fallût exciter ni ma main ni ma foi.
Faut-il par des sermens que mon cœur vous rassure ?
Le soupçonner, seigneur, c'est lui faire une injure :
Vous me verrez toujours contre vos ennemis
Remplir tous les devoirs de sujet et de fils.
Oui, j'atteste des dieux la majesté sacrée
Que je serai soumis aux volontés d'Atrée ;
Que par moi seul enfin son courroux assouvi
Fera voir à quel point je lui suis asservi.

ATRÉE.

Ainsi, prêt à punir l'ennemi qui m'offense,
Je puis tout espérer de votre obéissance ;
Et le lâche, à mes yeux par vos mains égorgé,
Ne triomphera plus de m'avoir outragé.
Allez : que votre bras, à l'Attique funeste,
S'apprête à m'immoler le perfide Thyeste.

PLISTHÈNE.

Moi, seigneur ?

ATRÉE.

Oui, mon fils. D'où naît ce changement ?
Quel repentir succède à votre empressement ?
Quelle étoit donc l'ardeur que vous faisiez paroître ?
Tremblez-vous lorsqu'il faut me délivrer d'un traître ?

PLISTHÈNE.

Non. Mais daignez m'armer pour un emploi plus beau :
Je serai son vainqueur, et non pas son bourreau.
Songez-vous bien quel nœud vous unit l'un et l'autre ?
En répandant son sang, je répandrois le vôtre.

Ah seigneur! est-ce ainsi que l'on surprend ma foi?

ATRÉE.

Les dieux m'en sont garants; c'en est assez pour moi.

PLISTHÈNE.

Juste ciel!

ATRÉE.

J'entrevois dans votre ame interdite
De secrets sentiments dont la mienne s'irrite.
Étouffez des regrets désormais superflus;
Partez, obéissez, et ne répliquez plus.
Des bords athéniens j'attends quelque nouvelle.
Vous, cependant, volez où l'honneur vous appelle :
Que ma flotte avec vous se dispose à partir;
Et quand tout sera prêt, venez m'en avertir :
Je veux de ce départ être témoin moi-même.

SCÈNE V.

PLISTHÈNE, THESSANDRE.

PLISTHÈNE.

Qu'ai-je fait, malheureux! quelle imprudence extrême!
Je ne sais quel effroi s'empare de mon cœur;
Mais tout mon sang se glace, et je frémis d'horreur.
Dieux, que dans mes serments malgré moi j'intéresse,
Perdez le souvenir d'une indigne promesse;
Ou recevez ici le serment que je fais,
En dussé-je périr, de n'obéir jamais.
Mais pourquoi m'alarmer d'un serment si funeste?
Que peut craindre un grand cœur quand sa vertu lui reste?

Athènes me répond d'un trépas glorieux,
Et j'y cours m'affranchir d'un serment odieux:
Survivre aux maux cruels dont le destin m'accable,
Ce seroit plus que lui m'en rendre un jour coupable.
Haï, persécuté, chargé d'un crime affreux,
Dévoré sans espoir d'un amour malheureux
Malgré tant de mépris que je chéris encore,
La mort est désormais le seul dieu que j'implore;
Trop heureux de pouvoir arracher en un jour
Ma gloire à mes serments, mon cœur à son amour !

THESSANDRE.

Que dites-vous, seigneur ? Quoi ! pour une inconnue....

PLISTHÈNE.

Peux-tu me condamner, Thessandre ? tu l'as vue.
Non, jamais plus de grace et plus de majesté
N'ont distingué les traits de la divinité.
Sa beauté, tout enfin, jusqu'à son malheur même,
N'offre en elle qu'un front digne du diadême;
De superbes débris, une noble fierté,
Tout en elle du sang marque la dignité.
Je te dirai bien plus : cette même inconnue
Voit mon ame à regret dans ses fers retenue;
Et qui peut dédaigner mon amour et mon rang
Ne peut être formé que d'un illustre sang.
Quoi qu'il en soit, mon cœur, charmé de ce qu'il aime,
N'examine plus rien dans son amour extrême.
Quel cœur n'eût-elle pas attendri, justes dieux !
Dans l'état où le sort vint l'offrir à mes yeux,
Déplorable jouet des vents et de l'orage,
Qui même en l'y poussant l'envioient au rivage,

Roulant parmi les flots, les morts et les débris,
Des horreurs du trépas les traits déjà flétris,
Mourante entre les bras de son malheureux père,
Tout prêt lui-même à suivre une fille si chère?...
J'entends du bruit. On vient. Peut-être c'est le roi.

SCÈNE VI.
THÉODAMIE, LÉONIDE, PLISTHÈNE, THESSANDRE.

PLISTHÈNE, à Thessandre.

MAIS non, c'est l'étrangère. Ah! qu'est-ce que je voi,
Thessandre? un soin pressant semble occuper son ame.
(à Théodamie.)
Où portez-vous vos pas? me cherchez-vous, madame?
Du trouble où je vous vois ne puis-je être éclairci?

THÉODAMIE.

C'est vous-même, seigneur, que je cherchois ici.
D'Athènes dès long-temps embrassant la conquête,
On dit qu'à s'éloigner votre flotte s'apprête;
Que, chaque instant d'Atrée excitant le courroux,
Pour sortir de Chalcys elle n'attend que vous.
Si ce n'est pas vous faire une injuste prière,
Je viens vous demander un vaisseau pour mon père.
Le sien, vous le savez, périt presque à vos yeux;
Et nous n'avons d'appui que de vous en ces lieux.
Vous sauvâtes des flots et le père et la fille;
Achevez de sauver une triste famille.

PLISTHÈNE.

Voyez ce que je puis; voyez ce que je dois.
D'Atrée en ce climat tout respecte les lois :

Il n'est que trop jaloux de son pouvoir suprême.
Je ne puis rien ici, si ce n'est par lui-même.
Il reverra bientôt ses vaisseaux avec soin,
Et du départ lui-même il doit être témoin.
Voyez-le. Il vous souvient comme il vous a reçue
Le jour que ce palais vous offrit à sa vue;
Il plaignit vos malheurs, vous offrit son appui:
Son cœur ne sera pas moins sensible aujourd'hui;
Vous n'en éprouverez qu'une bonté facile.
Mais qui peut vous forcer à quitter cet asile?
Quel déplaisir secret vous chasse de ces lieux?
Mon amour vous rend-il ce séjour odieux?
Ces bords sont-ils pour vous une terre étrangère?
N'y reverra-t-on plus ni vous ni votre père?
Quel est son nom, le vôtre? où portez-vous vos pas?
Ne connoîtrai-je enfin de vous que vos appas?

THÉODAMIE.

Seigneur, trop de bonté pour nous vous intéresse:
Mon nom est peu connu; ma patrie est la Grèce;
Et j'ignore en quel lieu, sortant de ces climats,
Mon père infortuné doit adresser ses pas.

PLISTHÈNE.

Je ne vous presse point d'éclaircir ce mystère:
Je souscris au secret que vous voulez m'en faire.
Abandonnez ces lieux, ôtez-moi pour jamais
Le dangereux espoir de revoir vos attraits;
Fuyez un malheureux; punissez-le, madame,
D'oser brûler pour vous de la plus vive flamme:
Et moi, prêt d'adorer jusqu'à votre rigueur,
J'attendrai que la mort vous chasse de mon cœur.

ACTE I, SCÈNE VI.

C'est, dans mon sort cruel, mon unique espérance.
Mon amour cependant n'a rien qui vous offense,
Le ciel m'en est témoin; et jamais vos beaux yeux
N'ont peut-être allumé de moins coupables feux :
Ce cœur, à qui le vôtre est toujours si sévère,
N'offrit jamais aux dieux d'hommage plus sincère;
Inutiles respects ! reproches superflus !
Tout va nous séparer; je ne vous verrai plus.
Adieu, madame, adieu : prompt à vous satisfaire,
Je reviendrai pour vous m'employer près d'un père :
Quel qu'en soit le succès, je vous réponds du moins,
Malgré votre rigueur, de mes plus tendres soins.

SCÈNE VII.

THÉODAMIE, LÉONIDE.

THÉODAMIE.

Où sommes-nous, hélas ! ma chère Léonide ?
Quel astre injurieux en ces climats nous guide ?
O vous qui nous jetez sur ces bords odieux,
Cachez-nous au tyran qui règne dans ces lieux,
Dieux puissants ! sauvez-nous d'une main ennemie:
Quel séjour pour Thyeste et pour Théodamie!
Du sort qui nous poursuit vois quelle est la rigueur;
Atrée, après vingt ans rallumant sa fureur,
Sous d'autres intérêts déguisant ce mystère,
Arme pour désoler l'asile de son frère.
L'infortuné Thyeste, instruit de ce danger,
A son tour en secret arme pour se venger,

Flatté du vain espoir de rentrer dans Mycènes
Tandis que l'ennemi vogueroit vers Athènes,
Ou pendant que Chalcys, par de puissants efforts,
Retiendroit le tyran sur ces funestes bords.
Inutiles projets! inutile espérance !
L'Euripe a tout détruit; plus d'espoir de vengeance :
Et c'est ce même amant, ce prince généreux
Sans qui nous périssions sur ce rivage affreux,
Ce prince à qui je dois le salut de mon père,
Qui, la foudre à la main, va combler sa misère !
Athènes va tomber, si, pour comble de maux,
Thyeste dans ces murs n'accable ce héros.
Trop heureux cependant, si de l'île d'Eubée
Il pouvoit s'éloigner sans le secours d'Atrée !
Sauvez-l'en s'il se peut, grands dieux ! Votre courroux
Poursuit-il des mortels si semblables à vous ?
Ciel, puisqu'il faut punir, venge-toi sur son frère :
Atrée est un objet digne de ta colère.
Je tremble à chaque pas que je fais en ces lieux.
Hélas ! Thyeste en vain s'y cache à tous les yeux ;
Quoiqu'absent dès long-temps, on peut le reconnoître;
Heureux que sa langueur l'empêche d'y paroître !

LÉONIDE.

Espérez du destin un traitement plus doux;
Que craindre d'un tyran, quand son fils est pour vous ?
Attendez tout d'un cœur et généreux et tendre :
La main qui nous sauva peut encor vous défendre.
Tout n'est pas contre vous dans ce fatal séjour,
Puisque déjà vos yeux y donnent de l'amour.

ACTE I, SCÈNE VII.
THÉODAMIE.

Ne comptes-tu pour rien un amour si-funeste ?
Le fils d'Atrée aimer la fille de Thyeste !
Hélas ! si cet amour est un crime pour lui,
Comment nommer le feu dont je brûle aujourd'hui ?
Car enfin ne crois pas que j'y sois moins livrée :
La fille de Thyeste aime le fils d'Atrée :
Contre tant de vertus mon cœur mal affermi
Craint plus en lui l'amant qu'il ne craint l'ennemi.
Mais mon père m'attend ; allons lui faire entendre,
Pour un départ si prompt, le parti qu'il faut prendre :
Heureuse cependant, si ce funeste jour
Ne voit d'autres malheurs que ceux de notre amour !

FIN DU PREMIER ACTE.

ACTE SECOND.

SCÈNE I.

THYESTE, THÉODAMIE, LÉONIDE.

THYESTE.

Ce n'est plus pour tenter une grace incertaine;
Mais, avant son départ, je voudrois voir Plisthène :
Léonide, sachez s'il n'est point de retour.

SCÈNE II.

THYESTE, THÉODAMIE.

THYESTE.

Ma fille, il faut songer à fuir de ce séjour;
Tout menace à la fois l'asile de Thyeste;
Défendons, s'il se peut, le seul bien qui nous reste;
D'un père infortuné que prétendent vos pleurs?
Voulez-vous dans ces lieux voir combler mes malheurs?
Pourquoi, sur mes désirs cherchant à me contraindre,
Ne point voir le tyran? Qu'en avez-vous à craindre?
Sans lui, sans son secours, quel sera mon espoir?
Vous voyez que Plisthène est ici sans pouvoir,
Qu'il va bientôt voguer vers le port de Pirée;
Voulez-vous qu'à ma fuite il en ferme l'entrée?

La voile se déploie et flotte au gré des vents;
Laissez-moi profiter de ces heureux instants.
Voyez, puisqu'il le faut, le redoutable Atrée :
Si sa flotte une fois abandonne l'Eubée,
Par quel autre moyen me sera-t-il permis
De sortir désormais de ces lieux ennemis ?

THÉODAMIE.

Ne précipitez rien : quel intérêt vous presse ?
Pourquoi, seigneur, pourquoi vous exposer sans cesse ?
A peine enfin sauvé de la fureur des eaux,
Ne vous rejetez point dans des périls nouveaux.
A partir de Chalcys le tyran se prépare ;
Les vents vont de cette île éloigner ce barbare :
D'un secours dangereux sans tenter le hasard,
Cachez-vous avec soin jusques à son départ.

THYESTE.

Ma fille, quel conseil ! Eh quoi ! vous pouvez croire
Que je veuille à mes jours sacrifier ma gloire !
Non, non, je ne puis voir désoler sans secours
Des états si long-temps l'asile de mes jours.
Moi, qui ne prétendois m'emparer de Mycènes
Que pour forcer Atrée à s'éloigner d'Athènes,
Je l'abandonnerois lorsqu'elle va périr !
Non, je cours dans ses murs la défendre, ou mourir.
Vous m'opposez en vain l'impitoyable Atrée :
Peut-il me soupçonner d'être en cette contrée ?
Sans appui, sans secours, sans suite dans ces lieux,
Sans éclat qui sur moi puisse attirer les yeux,
Dans l'état où m'a mis la colère céleste,
Hélas ! et qui pourroit reconnoître Thyeste ?

Voyez donc le tyran : quel que soit son courroux,
C'est assez que mon cœur n'en craigne rien pour vous,
Ma fille. Vous savez que sa main meurtrière
Ne poursuit point sur vous le crime d'une mère :
C'est moi seul, c'est Ærope enlevée à ses vœux,
Et vous ne sortez point de ce sang malheureux.
Allez : votre frayeur, qui dans ces lieux m'arrête,
Est le plus grand péril qui menace ma tête.
Demandez un vaisseau ; quel qu'en soit le danger,
Mon cœur au désespoir n'a rien à ménager.

THÉODAMIE.

Ah ! périsse plutôt l'asile qui nous reste,
Que de tenter, seigneur, un secours si funeste !

THYESTE.

En dussé-je périr, songez que je le veux.
Sauvez-moi par pitié de ces bords dangereux :
Du soleil à regret j'y revois la lumière ;
Malgré moi le sommeil y ferme ma paupière.
De mes ennuis secrets rien n'arrête le cours :
Tout à de tristes nuits joint de plus tristes jours.
Une voix, dont en vain je cherche à me défendre,
Jusqu'au fond de mon cœur semble se faire entendre ;
J'en suis épouvanté. Les songes de la nuit
Ne se dissipent point par le jour qui les suit :
Malgré ma fermeté, d'infortunés présages
Asservissent mon ame à ces vaines images.
Cette nuit même encor, j'ai senti dans mon cœur
Tout ce que peut un songe inspirer de terreur.

Près de ces noirs détours que la rive infernale
Forme à replis divers dans cette île fatale,
J'ai cru long-temps errer parmi des cris affreux
Que des mânes plaintifs poussoient jusques aux cieux.
Parmi ces tristes voix, sur ce rivage sombre,
J'ai cru d'Ærope en pleurs entendre gémir l'ombre;
Bien plus, j'ai cru la voir s'avancer jusqu'à moi,
Mais dans un appareil qui me glaçoit d'effroi.
« Quoi ! tu peux t'arrêter dans ce séjour funeste !
Suis-moi, m'a-t-elle dit, infortuné Thyeste. »
Le spectre, à la lueur d'un triste et noir flambeau,
A ces mots m'a traîné jusque sur son tombeau.
J'ai frémi d'y trouver le redoutable Atrée,
Le geste menaçant et la vue égarée,
Plus terrible pour moi, dans ces cruels moments,
Que le tombeau, le spectre et ses gémissements.
J'ai cru voir le barbare entouré de Furies :
Un glaive encor fumant armoit ses mains impies;
Et, sans être attendri de ses cris douloureux,
Il sembloit dans son sang plonger un malheureux.
Ærope à cet aspect, plaintive et désolée,
De ses lambeaux sanglants à mes yeux s'est voilée.
Alors j'ai fait, pour fuir, des efforts impuissants;
L'horreur a suspendu l'usage de mes sens :
A mille affreux objets l'ame entière livrée,
Ma frayeur m'a jeté sans force aux pieds d'Atrée.
Le cruel d'une main sembloit m'ouvrir le flanc,
Et de l'autre à longs traits m'abreuver de mon sang.
Le flambeau s'est éteint, l'ombre a percé la terre,
Et le songe a fini par un coup de tonnerre.

THÉODAMIE.

D'un songe si cruel quelle que soit l'horreur,
Ce fantôme peut-il troubler votre grand cœur ?
C'est une illusion....

THYESTE.

J'en croirois moins un songe,
Sans les ennuis secrets où ma douleur me plonge :
J'en crains plus du tyran qui règne dans ces lieux,
Que d'un songe si triste, et peut-être des dieux.
Je ne connois que trop la fureur qui l'entraîne.

THÉODAMIE.

Vous connoissez aussi les vertus de Plisthène....

THYESTE.

Quoiqu'il soit né d'un sang que je ne puis aimer,
Sa générosité me force à l'estimer.
Ma fille, à ses vertus je sais rendre justice :
Des fureurs du tyran son fils n'est point complice.
Je sens bien quelquefois que je dois le haïr ;
Mais mon cœur sur ce point a peine à m'obéir.
Hélas ! et plus je vois ce généreux Plisthène,
Plus j'y trouve des traits qui désarment ma haine.
Mon cœur, qui cependant craint de lui trop devoir,
Ni ne veut ni ne doit compter sur son pouvoir.
Quoique sur sa vertu vous soyez rassurée,
Je suis toujours Thyeste, et lui le fils d'Atrée....
Je crois voir le tyran ; je vous laisse avec lui.
Ma fille, devenez vous-même notre appui ;
Tentez tout sur le cœur de mon barbare frère :
Songez qu'il faut sauver et vous et votre père.

SCÈNE III.

ATRÉE, THÉODAMIE, EURISTHÈNE,
ALCIMÉDON, LÉONIDE, Gardes.

ALCIMÉDON.

Vous tenteriez, seigneur, un inutile effort;
Je le sais d'un vaisseau qui vient d'entrer au port.
On ne sait s'il a pris la route de Mycènes,
Mais depuis près d'un mois il n'est plus dans Athènes.
Vous en pourrez vous-même être mieux éclairci;
Le chef de ce vaisseau sera bientôt ici.

ATRÉE.

Qu'il vienne, Alcimédon : allez, qu'on me l'amène;
Je l'attends. Avec lui faites venir Plisthène;
Il doit être déjà de retour en ces lieux.

SCÈNE IV.

ATRÉE, THÉODAMIE, LÉONIDE,
EURISTHÈNE, Gardes.

ATRÉE, à Théodamie.

Madame, quel dessein vous présente à mes yeux ?

THÉODAMIE.

Prête à tenter, seigneur, la route du Bosphore,
Souffrez qu'une étrangère aujourd'hui vous implore.
J'éprouve dès long-temps qu'un roi si généreux
Ne voit point sans pitié le sort des malheureux.
Sur ces bords échappée au plus cruel naufrage,
Les flots de mes débris ont couvert ce rivage.

Sans appui, sans secours dans ces lieux écartés,
J'attends tout désormais de vos seules bontés.
Vous parûtes sensible au destin qui m'accable :
Puis-je espérer, seigneur, qu'un roi si redoutable
Daigne, de mes malheurs plus touché que les dieux,
M'accorder un vaisseau pour sortir de ces lieux ?

ATRÉE.

Puisque la mer vous laisse une libre retraite,
Ordonnez, et bientôt vous serez satisfaite ;
Disposez de ma flotte avec autorité.
Un vaisseau suffit-il pour votre sûreté ?
Prête à sortir des lieux qui sont sous ma puissance,
Où vous conduira-t-il ?

THÉODAMIE.

          Seigneur, c'est à Byzance
Que je prétends bientôt, au pied de nos autels,
Du prix de vos bienfaits charger les immortels.

ATRÉE.

Mais Byzance, madame, est-ce votre patrie ?

THÉODAMIE.

Non ; j'ai reçu le jour non loin de la Phrygie.

ATRÉE.

Par quel étrange sort, si loin de ces climats,
Vous retrouvez-vous donc dans mes nouveaux états ?
Ce vaisseau que les vents jetèrent dans l'Eubée
Sortoit-il de Byzance, ou du port de Pirée ?
En vous sauvant des flots, mon fils (je m'en souviens)
Ne trouva sur ces bords que des Athéniens.

THÉODAMIE.

Peut-être, comme nous le jouet de l'orage,
Ils furent comme nous poussés sur ce rivage :
Mais ceux qu'en ce palais a sauvés votre fils
Ne sont point nés, seigneur, parmi vos ennemis.

ATRÉE.

Mais, madame, parmi cette troupe étrangère,
Plisthène sur ces bords rencontra votre père :
Dédaigne-t-il un roi qui devient son appui ?
D'où vient que devant moi vous paroissez sans lui ?

THÉODAMIE.

Mon père infortuné, sans amis, sans patrie,
Traîne à regret, seigneur, une importune vie,
Et n'est point en état de paroître à vos yeux.

ATRÉE.

Gardes, faites venir l'étranger en ces lieux.
(Quelques gardes sortent.)

THÉODAMIE.

On doit des malheureux respecter la misère.

ATRÉE.

Je veux de ses malheurs consoler votre père ;
Je ne veux rien de plus.... Mais quel est votre effroi ?
Votre père, madame, est-il connu de moi ?
A-t-il quelques raisons de redouter ma vue ?
Quelle est donc la frayeur dont je vous vois émue ?

THÉODAMIE.

Seigneur, d'aucun effroi mon cœur n'est agité :
Mon père peut ici paroître en sûreté.
Hélas ! à se cacher qui pourroit le contraindre ?
Étranger dans ces lieux, eh ! qu'auroit-il à craindre ?

A ses jours languissants le péril attaché
Le retenoit, seigneur, sans le tenir caché.

SCÈNE V.

ATRÉE, THYESTE, THÉODAMIE, LÉONIDE, EURISTHÈNE, Gardes.

THÉODAMIE, à part.

Le voilà : je succombe, et me soutiens à peine.
Dieux, cachez-le au tyran, ou ramenez Plisthène.

ATRÉE.

Étranger malheureux que le sort en courroux,
Lassé de te poursuivre, a jeté parmi nous,
Quel est ton nom, ton rang ? Quels humains t'ont vu naître ?

THYESTE.

Les Thraces.

ATRÉE.

Et ton nom ?

THYESTE.

Pourriez-vous le connoître ?
Philoclète.

ATRÉE.

Ton rang ?

THYESTE.

Noble, sans dignité,
Et toujours le jouet du destin irrité.

ATRÉE.

Où s'adressoient tes pas ? et de quelle contré,
Revenoit ce vaisseau brisé près de l'Eubée ?

ACTE II, SCÈNE V.

THYESTE.

De Sestos; et j'allois à Delphes implorer
Le dieu dont les rayons daignent nous éclairer.

ATRÉE.

Et tu vas de ces lieux?...

THYESTE.

Seigneur, c'est dans l'Asie
Que je vais terminer ma déplorable vie,
Espérant aujourd'hui que de votre bonté
J'obtiendrai le secours que les flots m'ont ôté.
Daignez....

ATRÉE.

Quel son de voix a frappé mon oreille?
Quel transport tout-à-coup dans mon cœur se réveille?
D'où naissent à la fois des troubles si pressants?
Quelle soudaine horreur s'empare de mes sens?
Toi qui poursuis le crime avec un soin extrême,
Ciel, rends vrais mes soupçons, et que ce soit lui-même!
Je ne me trompe point, j'ai reconnu sa voix;
Voilà ses traits encore : ah! c'est lui que je vois.
Tout ce déguisement n'est qu'une adresse vaine;
Je le reconnoîtrois seulement à ma haine.
Il fait pour se cacher des efforts superflus :
C'est Thyeste lui-même, et je n'en doute plus.

THYESTE.

Moi Thyeste, seigneur!

ATRÉE.

Oui, toi-même, perfide :
Je ne le sens que trop au transport qui me guide;

Et je hais trop l'objet qui paroît à mes yeux,
Pour que tu ne sois point ce Thyeste odieux.
Tu fais bien de nier un nom si méprisable :
En est-il sous le ciel un qui soit plus coupable ?

THYESTE.

Eh bien ! reconnois-moi : je suis ce que tu veux,
Ce Thyeste ennemi, ce frère malheureux.
Quand même tes soupçons et ta haine funeste
N'eussent point découvert l'infortuné Thyeste,
Peut-être que la mienne, esclave malgré moi,
Aux dépens de tes jours m'eût découvert à toi.

ATRÉE.

Ah traître ! c'en est trop : le courroux qui m'anime
T'apprendra si je sais comme on punit un crime.
Je rends graces au ciel qui te livre en mes mains :
Sans doute que les dieux approuvent mes desseins,
Puisqu'avec ma fureur leurs soins d'intelligence
T'amènent dans des lieux tout pleins de ma vengeance.
Perfide, tu mourras : oui, c'est fait de ton sort ;
Ton nom seul en ces lieux est l'arrêt de ta mort.
Rien ne t'en peut sauver, la foudre est toute prête ;
J'ai suspendu long-temps sa chute sur ta tête :
Le temps, qui t'a sauvé d'un vainqueur irrité,
A grossi tes forfaits par leur impunité.

THYESTE.

Que tardes-tu, cruel, à remplir ta vengeance ?
Attends-tu de Thyeste une nouvelle offense ?
Si j'ai pu quelque temps te déguiser mon nom,
Le soin de me venger en fut seul la raison :

ACTE II, SCENE V.

Ne crois pas que la peur des fers ou du supplice
Ait à mon cœur tremblant dicté cet artifice.
Ærope par ta main a vu trancher ses jours ;
La même main des miens doit terminer le cours :
Je n'en puis regretter la triste destinée.
Précipite, inhumain, leur course infortunée,
Et sois sûr que contre eux l'attentat le plus noir
N'égale point pour moi l'horreur de te revoir.

ATRÉE.

Vil rebut des mortels, il te sied bien encore
De braver dans les fers un frère qui t'abhorre !
Holà, gardes, à moi !

THÉODAMIE, à Atrée.

Que faites-vous, seigneur ?
Dieux ! sur qui va tomber votre injuste rigueur ?
Ne suivrez-vous jamais qu'une aveugle colère ?
Ah ! dans un malheureux reconnoissez un frère :
Que sur ses noirs projets votre cœur combattu
Écoute la nature, ou plutôt la vertu.
Immolez donc, seigneur, et le père, et la fille ;
Baignez-vous dans le sang d'une triste famille.
Thyeste, par vous seul accablé de malheurs,
Peut-il être un objet digne de vos fureurs ?

ATRÉE.

Vous prétendez en vain que mon cœur s'attendrisse.
Qu'on lui donne la mort, gardes : qu'on m'obéisse ;
De son sang odieux qu'on épuise son flanc....
    (Bas, à part.)
Mais non : une autre main doit verser tout son sang.

Oubliois-je...? Arrêtez. Qu'on me cherche Plisthène.

SCÈNE VI.

ATRÉE, THYESTE, PLISTHÈNE, THÉODAMIE, EURISTHÈNE, LÉONIDE, THESSANDRE, GARDES.

PLISTHÈNE, à Atrée.

Ciel ! qu'est-ce que j'entends ? quelle fureur soudaine
De votre voix, seigneur, a rempli tous ces lieux ?
Qui peut causer ici ces transports furieux ?

THÉODAMIE, à Plisthène.

Ces transports où l'emporte une injuste colère
Ne menacent, seigneur, que mon malheureux père.
Sauvez-le, s'il se peut, des plus funestes coups.

PLISTHÈNE.

Votre père, madame ! ô ciel ! que dites-vous ?
(à Atrée.)
A l'immoler, seigneur, quel motif vous engage ?
De quoi l'accuse-t-on ? Quel crime, quel outrage
De l'hospitalité vous fait trahir les droits ?
Auroit-il, à son tour, violé ceux des rois ?
Étranger dans ces lieux, que vous a-t-il fait craindre
A le priver du jour qui puisse vous contraindre ?

ATRÉE.

Étranger dans ces lieux ! que tu le connois mal !
De tous mes ennemis tu vois le plus fatal.
C'est de tous les humains le seul que je déteste,
Un perfide, un ingrat ; en un mot, c'est Thyeste.

ACTE II, SCÈNE VI.

PLISTHÈNE.

Qu'ai-je entendu, grands dieux ! lui Thyeste, seigneur ?
Eh bien ! en doit-il moins fléchir votre rigueur ?
Calmez, seigneur, calmez cette fureur extrême.

ATRÉE.

Que vois-je ? quoi ! mon fils armé contre moi-même !
Quoi ! celui qui devroit m'en venger aujourd'hui
Ose, à mes yeux encor, s'intéresser pour lui !
Lâche, c'est donc ainsi qu'à ton devoir fidèle
Tu disposes ton bras à servir ma querelle ?

PLISTHÈNE.

Plutôt mourir cent fois ; je n'ai point à choisir :
Dans mon sang, s'il le faut, baignez-vous à loisir :
Seigneur, par ces genoux que votre fils embrasse,
Accordez à mes vœux cette dernière grace.
Après l'avoir sauvé des ondes en courroux,
M'en coûtera-t-il plus de le sauver de vous ?
A mes justes désirs que vos transports se rendent.
Voyez quel est le sang que mes pleurs vous demandent :
C'est le vôtre, seigneur, non un sang étranger.
C'est en lui pardonnant qu'il faut vous en venger.

ATRÉE.

Le perfide ! si près d'éprouver ma vengeance,
Daigne-t-il seulement implorer ma clémence ?

THYESTE.

Que pourroit me servir d'implorer ton secours,
Si ton cœur qui me hait veut me haïr toujours ?
Eh ! que n'ai-je pas fait pour fléchir ta colère ?
Qui de nous deux, cruel ! poursuit ici son frère ?

Depuis vingt ans entiers, que n'ai-je point tenté
Pour calmer les transports de ton cœur irrité ?
Surmonte, comme moi, la vengeance et la haine ;
Règle tes soins jaloux sur les soins de Plisthène ;
Et tu verras bientôt, si j'en donne ma foi,
Que tu n'as point d'ami plus fidèle que moi.

ATRÉE.

Quels seront tes garants, lorsque le nom de frère
N'a pu garder ton cœur d'un amour téméraire ?
Quand je t'ai vu souiller par tes coupables feux
Les autels où l'hymen alloit combler mes vœux,
Que peux-tu m'opposer qui parle en ta défense ?
Les droits de la nature, ou bien de l'innocence ?

THYESTE.

Ne me reproche plus mon crime ni mes feux ;
Tu m'as vendu bien cher cet amour malheureux.
Pour t'attendrir enfin, auteur de ma misère,
Considère un moment ton déplorable frère.
Que peux-tu souhaiter qui te parle pour moi ?
Regarde en quel état je parois devant toi.

PLISTHÈNE.

Ah ! rendez-vous, seigneur ; je vois que la nature
Dans votre cœur sensible excite un doux murmure :
Ne la combattez point par des soins odieux ;
Elle n'inspire rien qui ne vienne des dieux.
C'est votre frère enfin ; que rien ne vous arrête :
De sa fidélité je réponds sur ma tête.

ATRÉE.

Plisthène, c'en est fait ; je me rends à ta voix ;
Je me sens attendri pour la première fois.

ACTE II, SCÈNE VI.

Je veux bien oublier une sanglante injure.
Thyeste, sur ma foi que ton cœur se rassure :
De mon inimitié ne crains point les retours ;
Ce jour même en verra finir le triste cours.
J'en jure par les dieux, j'en jure par Plisthène ;
C'est le sceau d'une paix qui doit finir ma haine.
Ses soins et ma pitié te répondront de moi,
Et mon fils à son tour me répondra de toi :
Je n'en demande point de garant plus sincère.
Prince, c'est donc sur vous que s'en repose un père.
Allez ; et que ma cour, témoin de mon courroux,
Soit témoin aujourd'hui d'un entretien plus doux.

SCÈNE VII.

ATRÉE, EURISTHÈNE, Gardes.

ATRÉE.

Toi, fais-les avec soin observer, Euristhène ;
Disperse les soldats les plus chers à Plisthène ;
Écarte les amis de cet audacieux ;
Et viens, sans t'arrêter, me rejoindre en ces lieux.

FIN DU SECOND ACTE.

ACTE TROISIÈME.

SCÈNE I.

ATRÉE, EURISTHÈNE.

ATRÉE.

Enfin, graces aux dieux, je tiens en ma puissance
Le perfide ennemi que poursuit ma vengeance :
On l'observe en ces lieux, il ne peut échapper ;
La main qui l'a sauvé ne sert qu'à le tromper.
Vengeons-nous ; il est temps que ma colère éclate :
Profitons avec soin du moment qui la flatte ;
Et que l'ingrat Thyeste éprouve dans ce jour
Tout ce que peut un cœur trahi dans son amour.

EURISTHÈNE.

Eh ! qui vous répondra que Plisthène obéisse,
Que de cette vengeance il veuille être complice ?
Ne vous souvient-il plus que, près de la trahir,
Il n'a point balancé pour vous désobéir ?

ATRÉE.

Il est vrai qu'au refus qu'il a fait de s'y rendre
Je me suis vu contraint de n'oser l'entreprendre,
D'en différer enfin le moment malgré moi.
Mais qui l'a pu porter à me manquer de foi ?

N'avoit-il pas juré de servir ma colère ?
Tant de soins redoublés pour la fille et le père
Ne sont-ils les effets que d'un cœur généreux ?
Non, non : la source en est dans un cœur amoureux.
Tant d'ardeur à sauver cette race ennemie
Me dit trop que Plisthène aime Théodamie.
Je n'en puis plus douter : il la voit chaque jour ;
Il a pris dans ses yeux ce détestable amour.
Et je m'étonne encor d'une ardeur si funeste !
Que pouvoit-il sortir d'Ærope et de Thyeste,
Qu'un sang qui dût un jour assouvir mon courroux ?
Le crime est fait pour lui, la vengeance pour nous.
Livrons-le aux noirs forfaits où son penchant le guide ;
Joignons à tant d'horreurs l'horreur d'un parricide.
Puis-je mieux me venger de ce sang odieux,
Que d'armer contre lui son forfait et les dieux ?
Heureux qu'en ce moment le crime de Plisthène
Me laisse sans regret au courroux qui m'entraîne !
Qu'il vienne seul ici.

SCÈNE II.

ATRÉE, seul.

Le soldat écarté
Permet à ma fureur d'agir en liberté.
De son amour pour lui ma vengeance alarmée
Déjà loin de Chalcys a dispersé l'armée :
Tout ce que ce palais rassemble autour de moi
Sont autant de sujets dévoués à leur roi.

Mais pourquoi contre un traître exercer ma puissance ?
Son amour me répond de son obéissance.
Par un coup si cruel je m'en vais l'éprouver ;
Et de si près encor je m'en vais l'observer,
Que, malgré tous ses soins, ma vengeance assurée
Lavera par ses mains les injures d'Atrée.

SCÈNE III.

ATRÉE, PLISTHÈNE.

ATRÉE, bas.

Je le vois ; et pour peu qu'il ose la trahir,
Je sais bien le secret de le faire obéir.

(Haut.)

Lassé des soins divers dont mon cœur est la proie,
Prince, il faut à vos yeux que mon cœur se déploie.
Tout semble offrir ici l'image de la paix ;
Cependant ma fureur s'accroît plus que jamais.
L'amour, qui si souvent loin de nous nous entraîne,
N'est point dans ses retours aussi prompt que la haine.
J'avois cru par vos soins mon courroux étouffé ;
Mais je sens qu'ils n'en ont qu'à demi triomphé.
Ma fureur désormais ne peut plus se contraindre :
Ce n'est que dans le sang qu'elle pourra s'éteindre ;
Et j'attends que le bras chargé de la servir,
Loin d'arrêter son cours, soit prêt à l'assouvir.
Plisthène, c'est à vous que ce discours s'adresse.
J'avois cru, sur la foi d'une sainte promesse,
Voir tomber le plus fier de tous mes ennemis :
Mais Plisthène tient mal ce qu'il m'avoit promis ?

ACTE III, SCÈNE III.

Et, bravant sans respect et les dieux et son père,
Son cœur pour eux et lui n'a qu'une foi légère.

PLISTHÈNE.

Où sont vos ennemis? j'avois cru que la paix
Ne vous en laissoit point à craindre en ce palais :
Je n'y vois que des cœurs pour vous remplis de zèle,
Et qu'un fils, pour son roi, respectueux, fidèle,
Qui n'a point mérité ces cruels traitements.
Où sont vos ennemis? et quels sont mes serments?

ATRÉE.

Où sont mes ennemis? Ciel! que viens-je d'entendre?
Thyeste est dans ces lieux, et l'on peut s'y méprendre!
Vous deviez l'immoler à mon ressentiment :
Voilà mon ennemi, voilà votre serment.

PLISTHÈNE.

Quelle que soit la foi que je vous ai jurée,
J'aurois cru que la vôtre eût été plus sacrée ;
Qu'un frère dans vos bras, à la face des dieux,
M'eût assez acquitté d'un serment odieux.
D'un pareil souvenir ma vertu me dispense :
Je ne me souviens plus que de votre clémence.
Mon devoir a ses droits, mais ma gloire a les siens ;
Et vos derniers serments m'ont dégagé des miens.

ATRÉE.

Sans vouloir dégager un serment par un autre,
Veux-tu que tous les deux nous remplissions le nôtre?
Et tu verras bientôt, si j'explique le mien,
Que ce dernier serment ajoute encore au tien :
J'ai juré par les dieux, j'ai juré par Plisthène,
Que ce jour qui nous luit mettroit fin à ma haine.

Fais couler tout le sang que j'exige de toi,
Ta main de mes sermens aura rempli la foi.
Regarde qui de nous fait au ciel une injure,
Qui de nous deux enfin est ici le parjure.

PLISTHÈNE.

Ah! seigneur, puis-je voir votre cœur aujourd'hui
Descendre à des détours si peu dignes de lui?
Non, par de feints sermens je ne crois point qu'Atrée
Ait pu braver des dieux la majesté sacrée,
Se jouer de la foi des crédules humains,
Violer en un jour tous les droits les plus saints.
Enchanté d'une paix si long-temps attendue,
Je vous louois déjà de nous l'avoir rendue;
Et je m'applaudissois, dans des momens si doux,
D'avoir pu d'un héros désarmer le courroux:
J'admirois un grand cœur au milieu de l'offense,
Qui, maître de punir, méprisoit la vengeance.
Thyeste est criminel, voulez-vous l'être aussi?
Sont-ce là vos sermens? Pardonnez-vous ainsi?

ATRÉE.

Qui? moi lui pardonner! Les fières Euménides
Du sang des malheureux sont cent fois moins avides,
Et leur farouche aspect inspire moins d'horreur
Que Thyeste aujourd'hui n'en inspire à mon cœur.
Quels que soient mes sermens, trop de fureur m'anime.
Perfide, il te sied bien d'oser m'en faire un crime!
Laisse là ces sermens; si j'ai pu les trahir,
C'est au ciel d'en juger, à toi de m'obéir.
Dans un fils qui faisoit ma plus chère espérance,
Je ne vois qu'un ingrat qui trahit ma vengeance.

ACTE III, SCÈNE III.

Plisthène est un héros, son père est outragé;
Il a de la valeur, je ne suis pas vengé!
Ah! ne me force point, dans ma fureur extrême,
Que sais-je? hélas! peut-être à t'immoler toi-même:
Car enfin, puisqu'il faut du sang à ma fureur,
Malheur à qui trahit les transports de mon cœur!

PLISTHÈNE.

Versez le sang d'un fils, s'il peut vous satisfaire;
Mais n'en attendez rien à sa vertu contraire.
S'il faut voir votre affront par un crime effacé,
Je ne me souviens plus qu'on vous ait offensé.
Oui, seigneur; et ma main, loin d'être meurtrière,
Défendra contre vous les jours de votre frère.
Seconder vos fureurs, ce seroit vous trahir;
Votre gloire m'engage à vous désobéir.

ATRÉE.

Enfin j'ouvre les yeux; ta lâcheté, perfide,
Ne me fait que trop voir l'intérêt qui te guide;
Tu trahis pour Thyeste et les dieux et ta foi:
Ce n'est pas d'aujourd'hui qu'il est connu de toi.
Ose encor me jurer que pour Théodamie
Ton cœur ne brûle point d'une flamme ennemie!

PLISTHÈNE.

Ah! si c'est là trahir mon devoir et ma foi,
Non, jamais on ne fut plus coupable que moi.
Oui, seigneur, il est vrai, la princesse m'est chère:
Jugez si c'est à moi d'assassiner son père.
Vous connoissez le feu qui dévore mon sein;
Et, pour verser son sang, vous choisissez ma main!

Crébillon. I.

ATRÉE.

Ce n'est pas la vertu, c'est donc l'amour, parjure,
Qui te force au refus de venger mon injure !
Voyons si cet amour, qui t'a fait me trahir,
Servira maintenant à me faire obéir.
Tu n'auras pas en vain aimé Théodamie ;
Venge-moi dès ce jour, ou c'est fait de sa vie. —

PLISTHÈNE.

Ah ! grands dieux !

ATRÉE.

Tu frémis ! Je t'en laisse le choix,
Et te le laisse, ingrat, pour la dernière fois.

PLISTHÈNE.

Ah ! mon choix est tout fait dans ce moment funeste :
C'est mon sang qu'il vous faut, non le sang de Thyeste.

ATRÉE.

Quand l'amour, de mon fils, semble avoir fait le sien,
Il ne m'importe plus de son sang ou du tien.
Obéis cependant, achève ma vengeance.
L'instant fatal approche, et Thyeste s'avance :
S'il n'est mort lorsqu'enfin je reverrai ces lieux,
J'immole sans pitié ton amante à tes yeux.
Rappelle tes esprits : avec lui je te laisse.
Au secours de ta main appelle ta princesse ;
Le soin de la sauver doit exciter ton bras.

PLISTHÈNE.

Quoi ! vous l'immoleriez ! Je ne vous quitte pas.

ACTE III, SCÈNE III.

Je crois voir dans Thyeste un dieu qui m'épouvante.
Ah seigneur!

ATRÉE.

Viens donc voir expirer ton amante ;
Du moindre mouvement sa mort sera le fruit.

SCÈNE IV.

PLISTHÈNE, seul.

DIEUX! plongez-moi plutôt dans l'éternelle nuit.
Non, cruel, n'attends pas que ma main meurtrière
Fasse couler le sang de ton malheureux frère.
Assouvis, si tu veux, ta fureur sur le mien ;
Mais, dussé-je en périr, je défendrai le sien.

SCÈNE V.

THYESTE, PLISTHÈNE.

THYESTE.

PRINCE qu'un tendre soin dans mon sort intéresse,
Héros dont les vertus charment toute la Grèce,
Qu'il m'est doux de pouvoir embrasser aujourd'hui
De mes jours malheureux l'unique et sûr appui!

PLISTHÈNE.

Quel appui, juste ciel! Quel cœur impitoyable
Ne seroit point touché du sort qui vous accable?
Ah! plût aux dieux pouvoir, aux dépens de mes jours,
D'une si chère vie éterniser le cours !
Que je verrois couler tout mon sang avec joie,
S'il terminoit les maux où vous êtes en proie !

Ce n'est point la pitié qui m'attendrit, seigneur;
Je sens des mouvements inconnus à mon cœur.

THYESTE.

Seigneur, soit amitié, soit raison qui m'inspire,
Tout m'est cher d'un héros que l'univers admire.
Que ne puis-je exprimer ce que je sens pour vous !
Non, l'amitié n'a pas de sentiments si doux.

PLISTHÈNE.

Ah ! si je vous suis cher, que mon respect extrême
M'acquitte bien, seigneur, de ce bonheur suprême !
On n'aima jamais plus, le ciel m'en est témoin :
A peine la nature iroit-elle aussi loin ;
Et ma tendre amitié, par vos maux consacrée,
A semblé redoubler par les rigueurs d'Atrée.
Vous m'aimez ; le ciel sait si je puis vous haïr,
Ce qu'il m'en coûteroit s'il falloit obéir.

THYESTE.

Seigneur, que dites-vous ? qui fait couler vos larmes ?
Que tout ce que je vois fait renaître d'alarmes !
Vous soupirez ; la mort est peinte dans vos yeux ;
Vos regards attendris se tournent vers les cieux :
Quel malheur si terrible a pu troubler Plisthène ?
Jusqu'au fond de mon cœur je ressens votre peine.
Voulez-vous dérober ce secret à ma foi ?
Quand je suis tout à vous, n'êtes-vous point à moi ?
Cher prince, ignorez-vous à quel point je vous aime ?
Ma fille ne m'est pas plus chère que vous-même.

ACTE III, SCÈNE V.

PLISTHÈNE.

Faut-il la voir périr dans ces funestes lieux ?

THYESTE.

Quel étrange discours ! Cher prince, au nom des dieux,
Au nom d'une amitié si sincère et si tendre,
Daignez m'en éclaircir.

PLISTHÈNE.

Ah ! dois-je vous l'apprendre ?
Mais, dût tomber sur moi le plus affreux courroux,
Je ne puis plus trahir ce que je sens pour vous.
Fuyez, seigneur, fuyez.

THYESTE.

Quel est donc ce mystère,
Cher prince ? et qu'ai-je encore à craindre de mon frère ?

SCÈNE VI.

ATRÉE, THYESTE, PLISTHÈNE.

PLISTHÈNE, apercevant Atrée.

Ah ciel !

ATRÉE.

C'est donc ainsi que, fidèle à son roi....
Mais je sais de quel prix récompenser ta foi.

PLISTHÈNE.

Ah ! seigneur, si jamais....

ATRÉE.

Que voulez-vous me dire ?
Sortez : en d'autres lieux vous pourrez m'en instruire.

11.

Votre frivole excuse exige un autre temps,
Et mon cœur est rempli de soins plus importants.

SCÈNE VII.

ATRÉE, THYESTE.

THYESTE.

De ce transport, seigneur, que faut-il que je pense ?
Qui peut vous emporter à tant de violence ?
Qu'a fait ce fils ? qui peut vous armer contre lui ?
Ou plutôt, contre moi qui vous arme aujourd'hui ?
Ne m'offrez-vous la paix....

ATRÉE.

Quel est donc ce langage ?
A me l'oser tenir quel soupçon vous engage ?
Quelle indigne frayeur a troublé vos esprits ?
Quel intérêt enfin prenez-vous à mon fils ?
Ne puis-je menacer un ingrat qui m'offense,
Sans aigrir de vos soins l'injuste défiance ?
Allez : de mes desseins vous serez éclairci,
Et d'autres intérêts me conduisent ici.

SCÈNE VIII.

ATRÉE, seul.

Quoi ! même dans des lieux soumis à ma puissance,
J'aurai tenté sans fruit une juste vengeance !
Et le lâche qui doit la servir en ce jour
Trahit, pour la tromper, jusques à son amour !

Ah ! je le punirai de l'avoir différée,
Comme fils de Thyeste, ou comme fils d'Atrée.
Mériter ma vengeance est un moindre forfait
Que d'oser un moment en retarder l'effet.
Perfide, malgré toi je t'en ferai complice :
Ton roi pour tant d'affronts n'a pas pour un supplice :
Je ne punirois point vos forfaits différents,
Si je ne m'en vengeois par des forfaits plus grands.
Où Thyeste paroît, tout respire le crime :
Je me sens agité de l'esprit qui l'anime ;
Je suis déjà coupable. Étoit-ce me venger
Que de charger son fils du soin de l'égorger ?
Qu'il vive ; ce n'est plus sa mort que je médite.
La mort n'est que la fin des tourments qu'il mérite.
Que le perfide, en proie aux horreurs de son sort,
Implore comme un bien la plus affreuse mort :
Que ma triste vengeance, à tous les deux cruelle,
Étonne jusqu'aux dieux, qui n'ont rien fait pour elle.
Vengeons tous nos affronts, mais par un tel forfait,
Que Thyeste lui-même eût voulu l'avoir fait.
Lâche et vaine pitié, que ton murmure cesse :
Dans les cœurs outragés tu n'es qu'une foiblesse ;
Abandonne le mien : qu'exiges-tu d'un cœur
Qui ne reconnoît plus de dieux que sa fureur ?
Courons tout préparer ; et, par un coup funeste,
Surpassons, s'il se peut, les crimes de Thyeste.
Le ciel, pour le punir d'avoir pu m'outrager,
A remis à son sang le soin de m'en venger.

FIN DU TROISIÈME ACTE.

ACTE QUATRIÈME.

SCÈNE I.

PLISTHÈNE, THESSANDRE.

THESSANDRE.

Où courez-vous, seigneur ? qu'allez-vous entreprendre ?

PLISTHÈNE.

D'un cœur au désespoir tout ce qu'on peut attendre.

THESSANDRE.

Quelle est donc la fureur dont je vous vois épris ?
Ciel ! dans quel trouble affreux jetez-vous mes esprits !
D'où naît ce désespoir que chaque instant irrite ?
Pour qui préparez-vous ces vaisseaux, cette fuite ?
Quel intérêt enfin arme ici votre bras,
Et ces amis tout prêts à marcher sur vos pas ?
Parlez, seigneur : le roi, désormais plus sévère....

PLISTHÈNE.

Qu'avois-je fait aux dieux pour naître d'un tel père ?
O devoir, dans mon cœur trop long-temps respecté,
Laisse un moment l'amour agir en liberté.
Les rigoureuses lois qu'impose la nature
Ne sont plus que des droits dont la vertu murmure.

Secrets persécuteurs des cœurs nés vertueux,
Remords, qu'exigez-vous d'un amant malheureux?

THESSANDRE.

Que dites-vous, seigneur? quelle douleur vous presse?

PLISTHÈNE.

Thessandre, il faut périr, ou sauver ma princesse.

THESSANDRE.

La sauver! et de qui?

PLISTHÈNE.

Du roi, dont la fureur
Va lui plonger peut-être un poignard dans le cœur.
C'est pour la dérober au coup qui la menace
Que je n'écoute plus qu'une coupable audace.
Non, cruel, ce n'est point pour la voir expirer
Que du plus tendre amour je me sens inspirer.
Croirois-tu que du roi la haine sanguinaire
A voulu me forcer d'assassiner son frère;
Que, pour mieux m'obliger à lui percer le flanc,
De sa fille, au refus, il doit verser le sang?
Ah! je me sens saisir d'une fureur nouvelle.
Courons, pour la sauver, où mon honneur m'appelle.
Mais où la rencontrer? Eh quoi! les justes dieux
M'ont-ils déjà puni d'un projet odieux?
Que fait Thyeste? Hélas! qu'est-elle devenue?
Qui peut dans ce palais la soustraire à ma vue?
Je frémis.... Retournons les chercher en ces lieux,
Les en sauver, Thessandre, ou périr à leurs yeux.
 ons : ne laissons point, dans l'ardeur qui l'anime,
Un cœur comme le mien réfléchir sur un crime :

Étouffons des remords que j'avois dû prévoir,
Lorsque je n'attends rien que de mon désespoir.
Suis-moi ; c'est trop tarder, et d'un péril extrême
On doit moins balancer à sauver ce qu'on aime.
Ce n'est point un forfait ; c'est imiter les dieux,
Que de remplir son cœur du soin des malheureux.

SCÈNE II.
PLISTHÈNE, THÉODAMIE, THESSANDRE, LÉONIDE.

PLISTHÈNE.

MAIS que vois-je, Thessandre ? ô ciel ! quelle est ma joie !
(à Théodamie.)
Se peut-il qu'en ces lieux Plisthène vous revoie ?
Unique objet des soins de mon cœur éperdu,
Hélas ! par quel bonheur nous êtes-vous rendu ?
Quoi ! c'est vous, ma princesse ! Ah ! ma fureur calmée
Fait place à la douceur dont mon ame est charmée.
Dieux ! qu'allois-je tenter ?... Mais quel est votre effroi ?
Qui fait couler vos pleurs ? et qu'est-ce que je voi ?

THÉODAMIE.

Seigneur, vous me voyez les yeux baignés de larmes,
Et le cœur agité des plus vives alarmes.
Thyeste va bientôt ensanglanter ces lieux,
Si vous ne retenez ce prince furieux.
Trop sûr que votre mort, que la sienne est jurée,
Il veut la prévenir par la perte d'Atrée :
Il erre en ce palais dans ce cruel dessein,
Tout prêt à lui plonger un poignard dans le sein.

Il est perdu, seigneur, ce prince qui vous aime,
Si vous ne le sauvez d'Atrée ou de lui-même.
Il voit de tous côtés qu'on observe ses pas :
Le péril cependant ne l'épouvante pas.
Si la pitié pour nous peut émouvoir votre ame,
Si moi-même en secret j'approuvai votre flamme,
S'il est vrai que l'amour ait pu vous attendrir,
Au nom de cet amour, daignez le secourir.
Je vous dirois qu'un cœur plein de reconnoissance
D'un service si grand sera la récompense,
S'il avoit attendu que tant de soins pour nous
Vinssent justifier ce qu'il sentoit pour vous.

PLISTHÈNE.

Dissipez vos frayeurs et calmez vos alarmes :
Vos yeux, pour m'attendrir, n'ont pas besoin de larmes.
Hélas ! qui plus que moi doit plaindre vos malheurs ?
Ne craignez rien : mes soins ont prévenu vos pleurs.
De ces funestes lieux votre fuite assurée
Va vous mettre à couvert des cruautés d'Atrée ;
Et je vais, s'il le faut, aux dépens de ma foi,
Prouver à vos beaux yeux ce qu'ils peuvent sur moi.
Oui, croyez-en ces dieux que mon amour atteste,
Croyez-en ces garants du salut de Thyeste,
Il m'est plus cher qu'à vous : sans me donner la mort,
Le roi ne sera point l'arbitre de son sort.
Votre père vivra, vous vivrez, et Plisthène
N'aura point eu pour vous une tendresse vaine.
Je sauverai Thyeste. Eh ! que n'ai-je point fait ?
Hélas ! si vous saviez d'un barbare projet

A quel prix j'ai déjà tenté de le défendre....
Venez : pour lui, pour vous, je vais tout entreprendre
Heureux si je pouvois, en vous sauvant tous deux,
Près de ne vous voir plus, expirer à vos yeux !

SCÈNE III.
THYESTE, PLISTHÈNE, THÉODAMI
THESSANDRE, LÉONIDE.

PLISTHÈNE.

MAIS Thyeste paroît : quel bonheur est le nôtre!
Quel favorable sort nous rejoint l'un et l'autre !

THYESTE, apercevant Plisthène.

Que vois-je ? Dieux puissants, après un si grand bien,
Non, Thyeste de vous ne demande plus rien.
Quoi ! prince, vous vivez ! Eh ! comment d'un perfi
Avez-vous pu fléchir le courroux parricide ?
Que faisiez-vous, cher prince ? et dans ces mêmes lieu
Qui pouvoit si long-temps vous cacher à nos yeux ?
Effrayé des fureurs où mon ame est livrée,
Je vous croyois déjà la victime d'Atrée :
Plisthène dans ces lieux n'étoit plus attendu.
Je l'avoue, à mon tour je me suis cru perdu :
J'allois tenter....

PLISTHÈNE.

Calmez le soin qui vous dévore;
Vous n'êtes point perdu, puisque je vis encore.
Tant que l'astre du jour éclairera mes yeux,
Il n'éclairera point votre perte en ces lieux.
Malgré tous mes malheurs, je vis pour vous défendre.
De ces bords cependant fuyez sans plus attendre;

ACTE IV, SCÈNE III.

Et, sans vous informer d'un odieux secret,
Croyez-en un ami qui vous quitte à regret.
Adieu, seigneur, adieu : mon ame est satisfaite
D'avoir pu vous offrir une sûre retraite.
Thessandre doit guider, au sortir du palais,
Des pas que je voudrois n'abandonner jamais.

THYESTE.

Moi fuir, prince ! qui ? moi, que je vous abandonne !
Ah ! ce n'est pas ainsi que ma gloire en ordonne.
Instruit par vos bontés pour un sang malheureux,
Je n'en trahirai point l'exemple généreux.
Accablé des malheurs où le destin me livre,
Je veux mourir en roi, si je ne puis plus vivre.
Laissez-moi près de vous ; je ne puis vous quitter.
De noirs pressentiments viennent m'épouvanter :
Je sens à chaque instant que mes craintes redoublent ;
Que pour vous en secret mes entrailles se troublent.
Je combats vainement de si vives douleurs :
Un pouvoir inconnu me fait verser des pleurs.
Laissez-moi partager le sort qui vous menace.
Au courroux du tyran la tendresse a fait place :
Les noms de fils pour lui sont des noms superflus,
Et ce n'est pas son sang qu'il respecte le plus.

PLISTHÈNE.

Ah ! qu'il verse le mien : plût au ciel que mon père
Dans le sang de son fils eût éteint sa colère !
Fuyez, seigneur, fuyez, et ne m'exposez pas
A l'horreur de vous voir égorger dans mes bras.
Hélas ! je ne crains point pour votre seule vie :
Ne fuyez pas pour vous, mais pour Théodamie.

C'est vous en dire assez, seigneur : sauvez du moins
L'objet de ma tendresse et l'objet de mes soins ;
Et ne m'exposez pas à l'horreur légitime
D'avoir, sans fruit, pour vous, osé tenter un crime.
Fuyez : n'abusez point d'un moment précieux.
Cherchez-vous à périr dans ces funestes lieux ?
Thessandre, conduisez....

THESSANDRE.

Seigneur, le roi s'avance.

PLISTHÈNE.

Il en est temps encore, évitez sa présence.

SCÈNE IV.

ATRÉE, THYESTE, PLISTHÈNE, THÉO
DAMIE, EURISTHÈNE, THESSANDRE
LÉONIDE, Gardes.

ATRÉE.

D'où vient, à mon abord, le trouble où je vous voi ?
Ne craignez rien ; les dieux ont fléchi votre roi :
Ce n'est plus ce cruel guidé par sa vengeance,
Et le ciel dans son cœur a pris votre défense.

(à Thyeste.)

Ne crains rien pour des jours par ma rage proscrits.
Gardes, éloignez-vous.

SCÈNE V.

ATRÉE, THYESTE, PLISTHÈNE, THÉODAMI
EURISTHÈNE, THESSANDRE, LÉONIDE.

ATRÉE, à Thyeste.

RASSURE tes esprits :

D'une indigne frayeur je vois ton ame atteinte ;
Thyeste, chasse-s-en les soupçons et la crainte ;
Ne redoute plus rien de mon inimitié :
Toute ma haine cède à ma juste pitié.
Ne crains plus une main à te perdre animée :
Tes malheurs sont si grands, qu'elle en est désarmée ;
Et les dieux, effrayés des forfaits des humains,
Jamais plus à propos n'ont trahi leurs desseins.
Quelle étoit ma fureur ! et que vais-je t'apprendre !
Ton cœur déjà tremblant va frémir de l'entendre.
Je le répète encor, tes malheurs sont si grands,
Qu'à peine je les crois, moi qui te les apprends.

(Il lui montre un billet d'Ærope.)

Ce billet seul contient un secret si funeste....
Mais, avant de l'ouvrir, écoute tout le reste.
Tu n'as pas oublié les sujets odieux
D'un courroux excité par tes indignes feux :
Souviens-t'en, c'est à toi d'en garder la mémoire :
Pour moi, je les oublie ; ils blessent trop ma gloire.
Cependant contre toi que n'ai-je point tenté ?
J'en sens encor frémir mon cœur épouvanté.
En vain sur mes sermens ton ame rassurée
Comptoit sur une paix que je t'avois jurée ;
Car, dans l'instant fatal où j'attestois les cieux,
Je me jurois ta mort, et j'imposois aux dieux.
Je n'en veux pour témoin que ce même Plisthène
Par de pareils sermens qui sut tromper ma haine.
C'étoit lui qui devoit me venger aujourd'hui
D'un crime dont l'affront rejaillissoit sur lui ;

Et, pour mieux l'engager à t'arracher la vie,
J'en devois, au refus, priver Théodamie.
De ce récit affreux ne prends aucun effroi :
Tu dois te rassurer en le tenant de moi.

(à Plisthène.)

Et toi, dont la vertu m'a garanti d'un crime,
Ne crains rien d'un courroux peut-être légitime.
Si c'est un crime à toi de ne le point servir,
Quelle eût été l'horreur d'avoir pu l'assouvir !
Enfin, c'eût été peu que d'immoler mon frère ;
Le malheureux auroit assassiné son père.

THYESTE.

Moi, son père !

ATRÉE.

Ces mots vont t'en instruire. Lis.

(Il lui donne la lettre d'Ærope.)

THYESTE.

Dieux ! qu'est-ce que je vois ? c'est d'Ærope. Ah mon fils !
La nature en mon cœur éclaircit ce mystère :
Thyeste t'aimoit trop pour n'être point ton père.
Cher Plisthène, mes vœux sont enfin accomplis.

PLISTHÈNE.

Ciel ! qu'est-ce que j'entends ? Moi, seigneur, votre fils !
Tout sembloit réserver, dans un jour si funeste,
Ma main au parricide, et mon cœur à l'inceste.
Grands dieux, qui m'épargnez tant d'horreurs en ce jour,
Dois-je bénir vos soins, ou plaindre mon amour ?

(à Atrée.)

Vous qui, trompé long-temps dans une injuste haine,
Du nom de votre fils honorâtes Plisthène ;

ACTE IV, SCÈNE V.

Quand je ne le suis plus, seigneur, il m'est bien doux
D'être du moins sorti d'un même sang que vous.
Je ne suis consolé de perdre en vous un père,
Que lorsque je deviens le fils de votre frère.
Mais ce fils, près de vous privé d'un si haut rang,
L'est toujours par le cœur, s'il ne l'est par le sang.

ATRÉE.

C'eût été pour Atrée une perte funeste,
S'il eût fallu te rendre à d'autres qu'à Thyeste.
Le destin ne pouvoit qu'en te donnant à lui
Me consoler d'un bien qu'il m'enlève aujourd'hui.
Euristhène, sensible aux larmes de ta mère,
Est celui qui me fit, de son bourreau, ton père :
Instruit de mes fureurs, c'est lui dont la pitié
Vient de vous sauver tous de mon inimitié.

(à Thyeste.)

Thyeste, après ce fils que je viens de te rendre,
Tu vois si désormais je cherche à te surprendre.
Reçois-le de ma main pour garant d'une paix
Que mes soupçons jaloux ne troubleront jamais.
Enfin, pour t'en donner une entière assurance,
C'est par un fils si cher que ton frère commence.
En faveur de ce fils, qui fut long-temps le mien,
De mon sceptre aujourd'hui je détache le tien.
Rentre dans tes états sous de si doux auspices,
Qui de notre union ne sont que les prémices.
Je prétends que ce jour, que souilloit ma fureur,
Achève de bannir les soupçons de ton cœur.
Thyeste, en croiras-tu la coupe de nos pères ?
Est-ce offrir de la paix des garants peu sincères ?

Tu sais qu'aucun de nous, sans un malheur soudain,
Sur ce gage sacré n'ose jurer en vain;
C'est sa perte, en un mot : cette coupe fatale
Est le serment du Styx pour les fils de Tantale.
Je veux bien aujourd'hui, pour lui prouver ma foi,
En mettre le péril entre Thyeste et moi:
Veut-il bien, à son tour, que la coupe sacrée
Achève l'union de Thyeste et d'Atrée?

THYESTE.

Pourriez-vous m'en offrir un gage plus sacré
Que de me rendre un fils? Mon cœur est rassuré;
Et je ne pense pas que le don de Plisthène
Soit un présent, seigneur, que m'ait fait votre haine.
J'accepte cependant ces garants d'une paix
Qui fait depuis long-temps mes plus tendres souhaits.
Non que d'aucun détour un frère vous soupçonne;
A la foi d'un grand roi Thyeste s'abandonne:
S'il en reçoit enfin des gages en ce jour,
C'est pour vous rassurer sur la sienne à son tour.

ATRÉE.

Pour cet heureux moment qu'en ces lieux tout s'apprête
Qu'un pompeux sacrifice en précède la fête;
Trop heureux si Thyeste, assuré de la paix,
Daigne la regarder comme un de mes bienfaits!
Vous qui de mon courroux avez sauvé Plisthène,
C'est vous de ce grand jour que je charge, Euristhène;
J'en remets à vos soins la fête et les apprêts :
Courez tout préparer au gré de mes souhaits.
Mon frère n'attend plus que la coupe sacrée :
Offrons-lui ce garant de l'amitié d'Atrée.

Puisse le nœud sacré qui doit nous réunir
Effacer de son cœur un triste souvenir !
Pourra-t-il oublier....

THYESTE.

Tout, jusqu'à sa misère.
Il ne se souvient plus que d'un fils et d'un frère.

SCÈNE VI.

PLISTHÈNE, THESSANDRE.

PLISTHÈNE, à Thessandre.

Dès ce moment au port précipite tes pas :
Que le vaisseau surtout ne s'en écarte pas.
De mille affreux soupçons j'ai peine à me défendre.
Cours ; et que nos amis viennent ici m'attendre.

FIN DU QUATRIÈME ACTE.

ACTE CINQUIÈME.

SCÈNE I.

PLISTHÈNE, seul.

THESSANDRE ne vient point! rien ne l'offre à mes yeux!
Tout m'abandonne-t-il dans ces funestes lieux?
Tristes pressentiments que le malheur enfante,
Que la crainte nourrit, que le soupçon augmente,
Secrets avis des dieux, ne pressez plus un cœur
Dont toute la fierté combat mal la frayeur.
C'est en vain qu'elle veut y mettre quelque obstacle;
Le cœur des malheureux n'est qu'un trop sûr oracle.
Mais pourquoi m'alarmer? et quel est mon effroi?
Puis-je, sans l'outrager, me défier d'un roi
Qui semble désormais, cédant à la nature,
Oublier qu'à sa gloire on ait fait une injure?
L'oublier! ah! moi-même oublié-je aujourd'hui
Ce qu'il vouloit de moi, ce que j'ai vu de lui?
Puis-je en croire une paix déjà sans fruit jurée?
Dès qu'il faut pardonner, n'attendons rien d'Atrée.
Je ne connois que trop ses transports furieux,
Et sa fausse pitié n'éblouit point mes yeux.
C'est en vain de sa main que je reçois un père:
Tout ce qui vient de lui cache quelque mystère.

J'en ai trop éprouvé de son perfide cœur,
Pour oser, sur sa foi, déposer ma frayeur.
Je ne sais quel soupçon irrite mes alarmes;
Mais du fond de mon cœur je sens couler mes larmes.
Thessandre ne vient point ! tant de retardemens
Ne confirment que trop mes noirs pressentimens.

SCÈNE II.

PLISTHÈNE, THESSANDRE.

PLISTHÈNE.

Mais je le vois. Eh bien ! en est-ce fait, Thessandre ?
Sur les bords de l'Euripe est-il temps de nous rendre ?
Pour cet heureux moment as-tu tout préparé ?
De nos amis secrets t'es-tu bien assuré ?

THESSANDRE.

Il ne tient plus qu'à vous d'éprouver leur courage;
Je les ai dispersés, ici, sur le rivage ;
Tout est prêt. Cependant, si Plisthène aujourd'hui
Veut en croire des cœurs pleins de zèle pour lui,
Il ne partira point : ce dessein téméraire
Pourroit causer sa perte et celle de son père.

PLISTHÈNE.

Ah ! je ne fuirois pas, quel que fût mon effroi,
Si mon cœur aujourd'hui ne trembloit que pour moi:
Thessandre, il faut sauver mon père et la princesse;
Ce n'est plus que pour eux que mon cœur s'intéresse.
Cherche Théodamie, et ne la quitte pas;
Moi, je cours retrouver Thyeste de ce pas.

THESSANDRE.

Eh ! que prétendez-vous, seigneur, lorsque son frère
Semble de sa présence accabler votre père ?
Il ne le quitte point ; ses longs embrassements
Sont toujours resserrés par de nouveaux serments.
Un superbe festin par son ordre s'apprête ;
Il appelle les dieux à cette auguste fête.
Mon cœur, à cet aspect qui s'est laissé charmer,
Ne voit rien dont le vôtre ait lieu de s'alarmer.

PLISTHÈNE.

Et moi, je ne vois rien dont le mien ne frémisse :
De quelque crime affreux cette fête est complice :
C'est assez qu'un tyran la consacre en ces lieux,
Et nous sommes perdus s'il invoque les dieux.
Va, cours avec ma sœur nous attendre au rivage ;
Moi, je vais à Thyeste ouvrir un sûr passage.
Dieux puissants, secondez un si juste dessein,
Et dérobez mon père aux coups d'un inhumain.

SCÈNE III.

ATRÉE, PLISTHÈNE, GARDES.

ATRÉE.

Demeure, digne fils d'Ærope et de Thyeste ;
Demeure, reste impur d'un sang que je déteste :
Pour remplir de tes soins le projet important,
Demeure : c'est ici que Thyeste t'attend ;
Et tu n'iras pas loin pour rejoindre, perfide,
Les traîtres qu'en ces lieux armè ton parricide.

ACTE V, SCÈNE III.

Prince indigne du jour, voilà donc les effets
Que dans ton ame ingrate ont produits mes bienfaits!
A peine le destin te redonne à ton père,
Que ton cœur aussitôt en prend le caractère;
Et plus ingrat que lui, puisqu'il me devoit moins,
L'attentat le plus noir est le prix de mes soins.
Va, pour le prix des tiens, retrouver tes complices;
Va périr avec eux dans l'horreur des supplices.

PLISTHÈNE.

Pourquoi me supposer un indigne forfait?
Est-ce pour vos pareils que le prétexte est fait?
Vos reproches honteux n'ont rien qui me surprenne,
Et je ne sens que trop ce que peut votre haine.
Aurois-je prétendu, né d'un sang odieux,
Vous être plus sacré que n'ont été les dieux?
A travers les détours de votre ame parjure,
J'entrevois des horreurs dont frémit la nature.
Dans la juste fureur dont mon cœur est épris....
Mais non, je me souviens que je fus votre fils.
Malgré vos cruautés, et malgré ma colère,
Je crois encore ici m'adresser à mon père.
Quoique trop assuré de ne point l'attendrir,
Je sens bien que du moins je ne dois point l'aigrir,
Dans l'espoir que ma mort pourra vous satisfaire,
Que vous épargnerez votre malheureux frère.
Le crime supposé qu'on m'impute aujourd'hui,
Tout, jusqu'à son départ, est un secret pour lui.
Sur la foi d'une paix si saintement jurée,
Il se croit sans péril entre les mains d'Atrée:

THYESTE,
de votre cœur,
...cor dans l'erreur;
...ne princesse;
...esse.

...leur sort;
...quel que la mort:
...rcher qui t'instruise.
...gardes, qu'on le conduise;
...ur ce sang abandonné,
...remplir l'ordre que j'ai donné.

SCÈNE IV.

ATRÉE, seul.

VA périr, malheureux, mais, dans ton sort funeste,
Cent fois moins malheureux que le lâche Thyeste.
Que je suis satisfait ! que de pleurs vont couler
Pour ce fils qu'à ma rage on est près d'immoler !
Quel que soit en ces lieux son supplice barbare,
C'est le moindre tourment qu'à Thyeste il prépare.
Ce fils infortuné, cet objet de ses vœux,
Va devenir pour lui l'objet le plus affreux.
Je ne te l'ai rendu que pour te le reprendre,
Et ne te le ravis que pour mieux te le rendre.
Oui, je voudrois pouvoir, au gré de ma fureur,
Le porter tout sanglant jusqu'au fond de ton cœur.
Quel qu'en soit le forfait, un dessein si funeste,
S'il n'est digne d'Atrée, est digne de Thyeste.

De son fils tout sanglant, de son malheureux fils,
Je veux que dans son sein il entende les cris.
C'est en toi-même, ingrat, qu'il faut que ma victime,
Ce fruit de tes amours, aille expier ton crime....
Je frissonne, et je sens mon ame se troubler....
C'est à mon ennemi qu'il convient de trembler.
Qui cède à la pitié mérite qu'on l'offense ;
Il faut un terme au crime, et non à la vengeance.
Tout est prêt, et déjà dans mon cœur furieux
Je goûte le plaisir le plus parfait des dieux :
Je vais être vengé. Thyeste, quelle joie !
Je vais jouir des maux où tu vas être en proie.
Ce n'est de ses forfaits se venger qu'à demi,
Que d'accabler de loin un perfide ennemi :
Il faut, pour bien jouir de son sort déplorable,
Le voir dans le moment qu'il devient misérable,
De ses premiers transports irriter la douleur,
Et lui faire à longs traits sentir tout son malheur.

SCÈNE V.

ATRÉE, THYESTE, GARDES.

ATRÉE, bas.

THYESTE vient : feignons. Il semble, à sa tristesse,
Que de son sort affreux quelque soupçon le presse.
   (haut.)
Cher Thyeste, approchez. D'où naît cette frayeur ?
Quel déplaisir si prompt peut troubler votre cœur ?
Vous paroissez saisi d'une douleur secrète,
Et ne me montrez plus cette ame satisfaite

Crébillon. 1. 13

Qui sembloit respirer la douceur de la paix :
Ne seroit-elle plus vos plus tendres souhaits ?
Quoi ! de quelques soupçons votre ame est-elle atteinte ?
Ce jour, cet heureux jour est-il fait pour la crainte ?
Mon frère, vous devez la bannir désormais ;
La coupe va bientôt nous unir pour jamais.
Goûtez-vous la douceur d'une paix si parfaite ?
Et la souhaitez-vous comme je la souhaite ?
N'êtes-vous pas sensible à ce rare bonheur ?

THYESTE.

Qui ? moi, vous soupçonner ou vous haïr, seigneur !
Les dieux m'en sont témoins, ces dieux qu'ici j'atteste,
Qui lisent mieux que vous dans l'ame de Thyeste.
Ne vous offensez point d'une vaine terreur
Qui semble, malgré moi, s'emparer de mon cœur.
Je le sens agité d'une douleur mortelle :
Ma constance succombe ; en vain je la rappelle ;
Et, depuis un moment, mon esprit abattu
Laisse d'un poids honteux accabler sa vertu.
Cependant près de vous un je ne sais quel charme
Suspend dans ce moment le trouble qui m'alarme.
Pour rassurer encor mes timides esprits,
Rendez-moi mes enfants, faites venir mon fils ;
Qu'il puisse être témoin d'une union si chère,
Et partager, seigneur, les bontés de mon frère.

ATRÉE.

Vous serez satisfait, Thyeste ; et votre fils
Pour jamais en ces lieux va vous être remis.
Oui, mon frère, il n'est plus que la Parque inhumaine
Qui puisse séparer Thyeste de Plisthène.

Vous le verrez bientôt ; un ordre de ma part
Le fait de ce palais hâter votre départ.
Pour donner de ma foi des preuves plus certaines,
Je veux vous renvoyer dès ce jour à Mycènes.
Malgré ce que je fais, peu sûr de cette foi,
Je vois que votre cœur s'alarme auprès de moi.
J'avois cru cependant qu'une pleine assurance
Devoit suivre....

THYESTE.

Ah ! seigneur, ce reproche m'offense.

ATRÉE, à un garde.

Qu'on cherche la princesse, allez ; et qu'en ces lieux
Plisthène sans tarder se présente à ses yeux.
Il faut....

SCÈNE VI.

ATRÉE, THYESTE ; EURISTHÈNE, apportant la coupe ; GARDES.

ATRÉE.

MAIS j'aperçois la coupe de nos pères :
Voici le nœud sacré de la paix de deux frères ;
Elle vient à propos pour rassurer un cœur
Qu'alarme en ce moment une indigne terreur.
Tel qui pouvoit encor se défier d'Atrée
En croira mieux peut-être à la coupe sacrée.
Thyeste veut-il bien qu'elle achève en ce jour
De réunir deux cœurs désunis par l'amour ?

Pour engager un frère à plus de confiance,
Pour le convaincre enfin, donnez, que je commence.
(Il prend la coupe de la main d'Euristhène.)

THYESTE

Je vous l'ai déjà dit, vous m'outragez, seigneur,
Si vous vous offensez d'une vaine frayeur.
Que voudroit désormais me ravir votre haine,
Après m'avoir rendu mes états et Plisthène ?
Du plus affreux courroux quel que fût le projet,
Mes jours infortunés valent-ils ce bienfait ?
Euristhène, donnez ; laissez-moi l'avantage
De jurer le premier sur ce précieux gage.
Mon cœur, à son aspect, de son trouble est remis :
Donnez.... Mais cependant je ne vois point mon fils.
(Il prend la coupe des mains d'Atrée.)

ATRÉE

(à ses gardes.) (à Thyeste.)
Il n'est point de retour ? Rassurez-vous, mon frère ;
Vous reverrez bientôt une tête si chère :
C'est de notre union le nœud le plus sacré ;
Craignez moins que jamais d'en être séparé.

THYESTE

Soyez donc les garants du salut de Thyeste,
Coupe de nos aïeux, et vous, dieux que j'atteste ;
Puisse votre courroux foudroyer désormais
Le premier de nous deux qui troublera la paix !
Et vous, frère aussi cher que ma fille et Plisthène,
Recevez de ma foi cette preuve certaine....
Mais que vois-je, perfide ? Ah grands dieux ! quelle horr
C'est du sang ! Tout le mien se glace dans mon cœur.

ACTE V, SCÈNE VI.

Le soleil s'obscurcit; et la coupe sanglante
Semble fuir d'elle-même à cette main tremblante.
Je me meurs. Ah! mon fils, qu'êtes-vous devenu?

SCÈNE VII.
ATRÉE, THYESTE, THÉODAMIE,
EURISTHÈNE, LÉONIDE, Gardes.

THÉODAMIE.

L'AVEZ-VOUS pu souffrir, dieux cruels? Qu'ai-je vu?
Ah! seigneur, votre fils, mon déplorable frère,
Vient d'être pour jamais privé de la lumière.

THYESTE.

Mon fils est mort, cruel, dans ce même palais
Et dans le même instant où l'on m'offre la paix!
Et pour comble d'horreurs, pour comble d'épouvante,
Barbare, c'est du sang que ta main me présente!
O terre, en ce moment peux-tu nous soutenir?
O de mon songe affreux triste ressouvenir!
Mon fils, est-ce ton sang qu'on offroit à ton père?

ATRÉE.

Méconnois-tu ce sang?

THYESTE.

     Je reconnois mon frère:

ATRÉE.

Il falloit le connoître, et ne point l'outrager;
Ne point forcer ce frère, ingrat! à se venger.

THYESTE.

Grands dieux, pour quels forfaits lancez-vous le tonnerre?
Monstre que les enfers ont vomi sur la terre,

13.

Assouvis la fureur dont ton cœur est épris ;
Joins un malheureux père à son malheureux fils ;
A ses mânes sanglants donne cette victime,
Et ne t'arrête point au milieu de ton crime.
Barbare, peux-tu bien m'épargner en des lieux
Dont tu viens de chasser et le jour et les dieux ?

ATRÉE.

Non, à voir les malheurs où j'ai plongé ta vie,
Je me repentirois de te l'avoir ravie.
Par tes gémissements je connois ta douleur :
Comme je le voulois tu ressens ton malheur ;
Et mon cœur, qui perdoit l'espoir de sa vengeance,
Retrouve dans tes pleurs son unique espérance.
Tu souhaites la mort, tu l'implores ; et moi,
Je te laisse le jour pour me venger de toi.

THYESTE.

Tu t'en flattes en vain, et la main de Thyeste
Saura bien te priver d'un plaisir si funeste.

(Il se tue.)

THÉODAMIE.

Ah ciel !

THYESTE.

Consolez-vous, ma fille ; et de ces lieux
Fuyez, et remettez votre vengeance aux dieux.
Contente par vos pleurs d'implorer leur justice,
Allez loin de ce traître attendre son supplice.
Les dieux, que ce parjure a fait pâlir d'effroi,
Le rendront quelque jour plus malheureux que moi :

Le ciel me le promet, la coupe en est le gage ;
Et je meurs.

ATRÉE.

A ce prix j'accepte le présage :
Ta main, en t'immolant, a comblé mes souhaits ;
Et je jouis enfin du fruit de mes forfaits.

FIN.

ÉLECTRE,

TRAGÉDIE,

Représentée pour la première fois le 14 décembre 1708.

PRÉFACE.

SE louer ou se plaindre du public, style ordinaire des préfaces. Jamais auteur dramatique n'eut une plus belle occasion de suivre un usage que la vanité de ses confrères a consacré dès long-temps. En effet, je sais peu de pièces dont on ait parlé plus diversement que de celle-ci; et il n'y en a peut-être point qui ait mieux mérité tout le bien et tout le mal qu'on en a dit. Mes amis d'une part, les critiques de l'autre, ont outré la matière sur cet article. C'est donc aux gens indifférents que ceci s'adresse, puisque ce sont ceux qui doivent être précisément à notre égard ce qu'on appelle public. On me reproche des longueurs dans mes deux premiers actes, trop de complication dans le sujet. Je passe condamnation. La sortie d'Électre de dessus la scène, dans le premier acte, y laisse un vide qui le fait languir dans tout le reste. Une bonne partie du second tient plus du poëme épique que du tragique : en un mot, les descriptions y sont trop fréquentes. Trop de complication ? A cela je n'ai qu'une chose à répondre : le sujet d'ÉLECTRE est si simple de lui-même, que je ne crois pas qu'on puisse le traiter avec quelque espérance de succès, en le dénuant d'épisodes. Il s'agit de faire périr les meurtriers d'Agamemnon : on n'attend pour cela que le retour d'Oreste. Oreste arrivé, sa reconnoissance faite avec sa sœur, voilà la pièce à son dénouement. Quelque peine qu'ait l'action à être une parmi tant d'intérêts divers, j'aime mieux encore avoir chargé mon sujet d'épisodes, que de déclamations. D'ailleurs, notre théâtre soutient malaisément cette simplicité si chérie des anciens : non qu'elle ne soit bonne, mais on n'est pas toujours sûr de plaire en s'y attachant exactement. Pour l'anachronisme qu'on m'impute sur l'âge d'Oreste, ce seroit faire injure à ceux qui ont fait cette critique, que d'y répondre. Il faut ne pas entendre le théâtre, pour ne pas savoir quels sont nos droits sur les époques. Je renvoie là-dessus à Xipharès, dans MITHRIDATE ; à Narcisse, dans BRITANNICUS. Faire naître Oreste avant ou après le siège de Troie, n'est pas un point qui doive être litigieux dans un poëme. J'ai bien un autre procès à soutenir contre les zélateurs de l'antiquité, plus considérable selon eux, plus léger encore selon moi, que le précédent : c'est l'amour d'Électre ; c'est l'audace que j'ai eue de lui donner des sentiments que Sophocle s'est bien gardé de lui donner. Il est vrai qu'ils n'étoient point en usage sur la scène de son temps ; que, s'il eût vécu du nôtre, il eût peut-être fait comme moi. Cela ne laisse pas d'être un attentat jusque-là inouï, qui a soulevé contre un moderne inconsidéré toute cette région idolâtre où il ne manque plus au culte qu'on rend aux anciens, que des prêtres et des victimes. En vain quelques sages protestent contre cet abus: les préjugés prévalent; et la prévention va si loin, que tels qui ne connoissent les anciens que de nom, qui ne savent pas seulement si Sophocle étoit Grec ou François, sur la foi des dévots de l'antiquité ont prononcé hardiment contre moi. Ce n'est point la tragédie de Sophocle ni celle d'Euripide que je donne; c'est la mienne. A-t-on fait le procès aux peintres qui depuis Apelles ont peint Alexandre autrement que la foudre à la main?

Dussent les Grecs encor fondre sur un rebelle,

je dirai que, si j'avois quelque chose à imiter de Sophocle, ce ne seroit assurément pas son ÉLECTRE; qu'aux beautés près, desquelles je ne fais aucune comparaison, il y a peut-être dans sa pièce bien autant de défauts que dans la mienne. Loin que et amour dont on fait un monstre en soit un, je prétends qu'il donne encore plus de force au caractère d'Électre, qui a dans Sophocle plus de férocité que de véritable grandeur : c'est moins la mort de son père qu'elle venge, que ses propres malheurs. Triste objet des fureurs d'Égisthe et de

Clytemnestre, n'y a-t-il pas bien à s'étonner qu'[Électre] ne soit occupée que de sa vengeance ? N[e] faire précisément que ce qu'on doit, quand rie[n] ne s'y oppose en secret, n'est pas une vertu; ma[is] vaincre un penchant presque toujours insurmo[n]table dans le cœur humain, pour faire son devoi[r,] en est une des plus grandes. Une princesse dan[s] un état aussi cruel que celui où se trouve Électre[,] dira-t-on, être amoureuse ! Oui, amoureuse. Quel[s] cœurs sont inaccessibles à l'amour ? Quelles situa[-]tions dans la vie peuvent nous mettre à l'abri d'un[e] passion si involontaire ? Plus on est malheureux[,] plus on a le cœur aisé à attendrir. Ce n'est poin[t] un grand fonds de vertu qui nous garantit d[e] l'amour; il nous empêche seulement d'y succomber[.] Il y a bien de la différence, d'ailleurs, de la sensibilité d'Électre à une intrigue amoureuse. Le[s] soins de son amour ne sont pas de ces soins ordi[-]naires qui font toute la matière de nos romans[:] c'est pour se punir de la foiblesse qu'elle a d'aime[r] le fils du meurtrier de son père, qu'elle veut pré[-]cipiter les moments de sa vengeance, sans attendre[r] le retour de son frère. Enfin, selon le système de[s] mes censeurs, il ne s'agit que de rendre Électr[e] tout-à-fait à plaindre : je crois y avoir mieux réuss[i] que Sophocle, Euripide, Eschyle, et tous ceu[x] qui ont traité le même sujet. C'est ajouter à l'hor[-]reur du sort de cette princesse, que d'y joindr[e] une passion dont la contrainte et les remords ne font pas toujours les plus grands malheurs. Le seul défaut de l'amour d'Électre, si j'en crois mes amis qui me flattent le moins, c'est qu'il ne produit pas assez d'évènements dans toute la pièce; et c'est en effet tout ce qu'on peut raisonnablement me reprocher sur ce chapitre.

PERSONNAGES.

CLYTEMNESTRE, veuve d'Agamemnon, femme d'Égisthe.

ORESTE, fils d'Agamemnon et de Clyttemnestr[e] roi de Mycènes, élevé sous le nom de Tydée.

ÉLECTRE, sœur d'Oreste.

ÉGISTHE, fils de Thyeste, et meurtrrier d'Ag[a]memnon.

ITYS, fils d'Égisthe, mais d'une autre mère qu[e] Clytemnestre.

IPHIANASSE, sœur d'Itys.

PALAMÈDE, gouverneur d'Oreste.

ARCAS, ancien officier d'Agamemnon.

ANTÉNOR, confident d'Oreste.

MÉLITE, confidente d'Iphianasse.

GARDES.

La scène est à Mycènes, dans le palais de sses rois.

ÉLECTRE,
TRAGÉDIE.

ACTE PREMIER.

SCÈNE I.

ÉLECTRE, seule.

Témoin du crime affreux que poursuit ma vengeance,
O nuit, dont tant de fois j'ai troublé le silence,
Insensible témoin de mes vives douleurs,
Électre ne vient plus te confier des pleurs :
Son cœur, las de nourrir un désespoir timide,
Se livre enfin sans crainte au transport qui le guide.
Favorisez, grands dieux, un si juste courroux ;
Électre vous implore, et s'abandonne à vous.
Pour punir les forfaits d'une race funeste,
J'ai compté trop long-temps sur le retour d'Oreste :
C'est former des projets et des vœux superflus ;
Mon frère malheureux, sans doute, ne vit plus.
Et vous, mânes sanglants du plus grand roi du monde,
Triste et cruel objet de ma douleur profonde,

Mon père, s'il est vrai que sur les sombres bords
Les malheurs des vivants puissent toucher les morts,
Ah ! combien doit frémir ton ombre infortunée
Des maux où ta famille est encor destinée !
C'étoit peu que les tiens, altérés de ton sang,
Eussent osé porter le couteau dans ton flanc,
Qu'à la face des dieux le meurtre de mon père
Fût, pour comble d'horreurs, le crime de ma mère ;
C'est peu qu'en d'autres mains la perfide ait remis
Le sceptre qu'après toi devoit porter ton fils,
Et que dans mes malheurs Égisthe qui me brave,
Sans respect, sans pitié, traite Électre en esclave :
Pour m'accabler encor, son fils audacieux,
Itys, jusqu'à ta fille ose lever les yeux.
Des dieux et des mortels Électre abandonnée
Doit, ce jour, à son sort s'unir par l'hyménée,
Si ta mort, m'inspirant un courage nouveau,
N'en éteint par mes mains le coupable flambeau.
Mais qui peut retenir le courroux qui m'anime ?
Clytemnestre osa bien s'armer pour un grand crime.
Imitons sa fureur par de plus nobles coups ;
Allons à ces autels, où m'attend son époux,
Immoler avec lui l'amant qui nous outrage :
C'est là le moindre effort digne de mon courage.
Je le dois.... D'où vient donc que je ne le fais pas ?
Ah ! si c'étoit l'amour qui me retînt le bras !
Pardonne, Agamemnon ; pardonne, ombre trop chère :
Mon cœur n'a point brûlé d'une flamme adultère ;
Ta fille, de concert avec tes assassins,
N'a point porté sur toi de parricides mains ;

ACTE I, SCÈNE I.

ai tout fait pour venger ta perte déplorable.
lectre cependant n'en est pas moins coupable :
e vertueux Itys, à travers ma douleur,
'en a pas moins trouvé le chemin de mon cœur.
lais Arcas ne vient point ! Fidèle en apparence,
rahit-il en secret le soin de ma vengeance ?

SCÈNE II.

ÉLECTRE, ARCAS.

ÉLECTRE.

(à Arcas.)

, vient ; rassurons-nous. Pleine d'un juste effroi,
: me plaignois déjà qu'on me manquoit de foi :
: craignois qu'un ami qui pour moi s'intéresse
'osât plus.... Mais quoi ! seul ?

ARCAS.

Malheureuse princesse,
élas ! que votre sort est digne de pitié !
lus d'amis, plus d'espoir.

ÉLECTRE.

Quoi ! leur vaine amitié,
près tant de sermens....

ARCAS.

Non, n'attendez rien d'elle.
adame, en vain pour vous j'ai fait parler mon zèle :

Eux-mêmes, à regret, ces trop prudents amis
S'en tiennent au secours qu'on leur avoit promis.
« Qu'Oreste, disent-ils, vienne par sa présence
Rassurer des amis armés pour sa vengeance.
Palamède, chargé d'élever ce héros,
Promettoit avec lui de traverser les flots ;
Son fils, même avant eux, devoit ici se rendre.
C'est se perdre, sans eux qu'oser rien entreprendre ;
Bientôt de nos projets la mort seroit le prix. »
D'ailleurs, pour achever de glacer leurs esprits,
On dit que ce guerrier dont la valeur funeste
Ne se peut comparer qu'à la valeur d'Oreste,
Qui de tant d'ennemis délivre ces états,
Qui les a sauvés seul par l'effort de son bras,
Qui, chassant les deux rois de Corinthe et d'Athènes,
De morts et de mourants vient de couvrir nos plaines,
Hier, avant la nuit, parut dans ce palais ;
Cet étranger qu'Égisthe a comblé de bienfaits,
A qui le tyran doit le salut de sa fille,
De lui, d'Itys, enfin de toute sa famille,
Est un rempart si sûr pour vos persécuteurs,
Que de tous nos amis il a glacé les cœurs.
Au seul nom du tyran que votre ame déteste
On frémit ; cependant on veut revoir Oreste.
Mais le jour qui paroît me chasse de ces lieux :
Je crois voir même Itys. Madame, au nom des dieux,
Loin de faire éclater le trouble de votre ame,
Flattez plutôt d'Itys l'audacieuse flamme ;
Faites que votre hymen se diffère d'un jour :
Peut-être verrons-nous Oreste de retour.

ÉLECTRE.

Cesse de me flatter d'une espérance vaine.
Allez, lâches amis qui trahissez ma haine;
Électre saura bien, sans Oreste et sans vous,
Ce jour même, à vos yeux, signaler son courroux.

SCÈNE III.

ÉLECTRE, ITYS.

ÉLECTRE.

En des lieux où je suis, trop sûr de me déplaire,
Fils d'Égisthe, oses-tu mettre un pied téméraire?

ITYS.

Madame, pardonnez à l'innocente erreur
Qui vous offre un amant guidé par sa douleur.
D'un amour malheureux la triste inquiétude
Me faisoit de la nuit chercher la solitude.
Pardonnez si l'amour tourne vers vous mes pas :
Itys vous souhaitoit, mais ne vous cherchoit pas.

ÉLECTRE.

Dans l'état où je suis, toujours triste, quels charmes
Peuvent avoir des yeux presque éteints dans les larmes?
Fils du tyran cruel qui fait tous mes malheurs,
Porte ailleurs ton amour, et respecte mes pleurs.

ITYS.

Ah! ne m'enviez pas cet amour, inhumaine!
Ia tendresse ne sert que trop bien votre haine.

Si l'amour cependant peut désarmer un cœur,
Quel amour fut jamais moins digne de rigueur?
A peine je vous vis, que mon ame éperdue
Se livra sans réserve au poison qui me tue.
Depuis dix ans entiers que je brûle pour vous,
Qu'ai-je fait qui n'ait dû fléchir votre courroux?
De votre illustre sang conservant ce qui reste,
J'ai de mille complots sauvé les jours d'Oreste :
Moins attentif au soin de veiller sur ses jours,
Déjà plus d'une main en eût tranché le cours.
Plus accablé que vous du sort qui vous opprime,
Mon amour malheureux fait encor tout mon crime.
Enfin, pour vous forcer à vous donner à moi,
Vous savez si jamais j'exigeai rien du roi.
Il prétend qu'avec vous un nœud sacré m'unisse;
Ne m'en imputez point la cruelle injustice :
Au prix de tout mon sang je voudrois être à vous,
Si c'étoit votre aveu qui me fît votre époux.
Ah! par pitié pour vous, princesse infortunée,
Payez l'amour d'Itys par un tendre hyménée :
Puisqu'il faut l'achever ou descendre au tombeau,
Laissez-en à mes feux allumer le flambeau.
Régnez donc avec moi; c'est trop vous en défendre :
C'est un sceptre qu'un jour Égisthe veut vous rendre.

ÉLECTRE.

Ce sceptre est-il à moi, pour me le destiner?
Ce sceptre est-il à lui, pour te l'oser donner?
C'est en vain qu'en esclave il traite une princesse,
Jusqu'à le redouter que le traître m'abaisse :

ACTE I, SCÈNE III.

Qu'il fasse que ces fers, dont il s'est tant promis,
Soient moins honteux pour moi que l'hymen de son fils.
Cesse de te flatter d'une espérance vaine :
Ta vertu ne te sert qu'à redoubler ma haine.
Égisthe ne prétend te faire mon époux,
Que pour mettre sa tête à couvert de mes coups;
Mais sais-tu que l'hymen dont la pompe s'apprête
Ne se peut achever qu'aux dépens de sa tête?
A ces conditions je souscris à tes vœux;
Ma main sera le prix d'un coup si généreux.
Électre n'attend point cet effort de la tienne;
Je connois ta vertu : rends justice à la mienne.
Crois-moi, loin d'écouter ta tendresse pour moi,
De Clytemnestre ici crains l'exemple pour toi.
Romps toi-même un hymen où l'on veut me contraindre;
Les femmes de mon sang ne sont que trop à craindre.
Malheureux ! de tes vœux quel peut être l'espoir ?
Hélas ! quand je pourrois, rebelle à mon devoir,
Brûler un jour pour toi de feux illégitimes,
Ma vertu t'en feroit bientôt les plus grands crimes.
Je te haïrai moins, fils d'un prince odieux :
Ne sois point, s'il se peut, plus coupable à mes yeux;
Ne me peins plus l'ardeur dont ton ame est éprise.
Que peux-tu souhaiter ? Itys, qu'il te suffise
Qu'Électre, tout entière à son inimitié,
Ne fait point tes malheurs sans en avoir pitié.
Mais Clytemnestre vient : ciel ! quel dessein l'amène?
Te sers-tu contre moi du pouvoir de la reine?

SCÈNE IV.

CLYTEMNESTRE, ÉLECTRE, ITYS, Gardes

CLYTEMNESTRE.

Dieux puissants, dissipez mon trouble et mon effroi;
Et chassez ces horreurs loin d'Égisthe et de moi.

ITYS.

Quelle crainte est la vôtre? où courez-vous, madame?
Vous vous plaignez : quel trouble a pu saisir votre ame

CLYTEMNESTRE.

Prince, jamais effroi ne fut égal au mien.
Mais ce récit demande un secret entretien.
Jamais sort ne parut plus à craindre et plus triste.

(à ses gardes.)

Qu'on sache en ce moment si je puis voir Égisthe.

SCÈNE V.

CLYTEMNESTRE, ÉLECTRE, ITYS

CLYTEMNESTRE.

Mais vous, qui vous guidoit aux lieux où je vous voi?
Électre se rend-elle aux volontés du roi?
A votre heureux destin la verrons-nous unie?
Sait-elle, à résister, qu'il y va de sa vie?

ITYS.

Ah! d'un plus doux langage empruntons le secours,
Madame; épargnez-lui de si cruels discours;
Adoucissez plutôt sa triste destinée:
Électre n'est déjà que trop infortunée.

Je ne puis la contraindre, et mon esprit confus....

CLYTEMNESTRE.

Par ce raisonnement je conçois ses refus.
Mais, pour former l'hymen et de l'un et de l'autre,
On ne consultera ni son cœur ni le vôtre.
C'est, pour vous, de son sort prendre trop de souci :
Allez, dites au roi que je l'attends ici.

SCÈNE VI.

CLYTEMNESTRE, ÉLECTRE.

CLYTEMNESTRE.

Ainsi, loin de répondre aux bontés d'une mère,
Vous bravez de mon nom le sacré caractère !
Et, lorsque ma pitié lui fait un sort plus doux,
Électre semble encor défier mon courroux !
Bravez-le ; mais, du moins, du sort qui vous accable
N'accusez donc que vous, princesse inexorable.
Je fléchissois un roi de son pouvoir jaloux ;
Un héros par mes soins devenoit votre époux ;
Je voulois, par l'hymen d'Itys et de ma fille,
Voir rentrer quelque jour le sceptre en sa famille :
Mais l'ingrate ne veut que nous immoler tous.
Je ne dis plus qu'un mot. Itys brûle pour vous ;
Ce jour même à son sort vous devez être unie :
Si vous n'y souscrivez, c'est fait de votre vie.
Égisthe est las de voir son esclave en ces lieux
Exciter par ses pleurs les hommes et les dieux.

ÉLECTRE.

Contre un tyran si fier, juste ciel ! quelles armes !
Qui brave les remords peut-il craindre mes larmes ?
Ah ! madame, est-ce à vous d'irriter mes ennuis ?
Moi, son esclave ! Hélas ! d'où vient que je la suis ?
Moi, l'esclave d'Égisthe ! Ah ! fille infortunée !
Qui m'a fait son esclave ? et de qui suis-je née ?
Étoit-ce donc à vous de me le reprocher ?
Ma mère, si ce nom peut encor vous toucher,
S'il est vrai qu'en ces lieux ma honte soit jurée,
Ayez pitié des maux où vous m'avez livrée :
Précipitez mes pas dans la nuit du tombeau ;
Mais ne m'unissez point au fils de mon bourreau,
Au fils de l'inhumain qui me priva d'un père,
Qui le poursuit sur moi, sur mon malheureux frère.
Et de ma main encore il ose disposer !
Cet hymen, sans horreur, se peut-il proposer ?
Vous m'aimâtes ; pourquoi ne vous suis-je plus chère ?
Ah ! je ne vous hais point ; et, malgré ma misère,
Malgré les pleurs amers dont j'arrose ces lieux,
Ce n'est que du tyran que je me plains aux dieux.
Pour me faire oublier qu'on m'a ravi mon père,
Faites-moi souvenir que vous êtes ma mère.

CLYTEMNESTRE.

Que veux-tu désormais que je fasse pour toi,
Lorsque ton hymen seul peut désarmer le roi ?
Souscris, sans murmurer, au sort qu'on te prépare,
Et cesse de gémir de la mort d'un barbare
Qui, s'il eût pu trouver un second Ilion,
T'auroit sacrifiée à son ambition.

Le cruel qu'il étoit, bourreau de sa famille,
Osa bien, à mes yeux, faire égorger ma fille.

ÉLECTRE.

Tout cruel qu'il étoit, il étoit votre époux :
S'il falloit l'en punir, madame, étoit-ce à vous ?
Si le ciel, dont sur lui la rigueur fut extrême,
Réduisit ce héros à verser son sang même,
Du moins, en se privant d'un sang si précieux,
Il ne le fit couler que pour l'offrir aux dieux.
Mais vous, qui de ce sang immolez ce qui reste,
Mère dénaturée et d'Électre et d'Oreste,
Ce n'est point à des dieux jaloux de leurs autels,
Vous nous sacrifiez au plus vil des mortels....

SCÈNE VII.

ÉGISTHE, CLYTEMNESTRE, ÉLECTRE.

ÉLECTRE.

Il paroît, l'inhumain ! A cette affreuse vue,
Des plus cruels transports je me sens l'ame émue.

ÉGISTHE, à Clytemnestre.

Madame, quel malheur, troublant votre sommeil,
Vous a fait de si loin devancer le soleil ?
Quel trouble vous saisit ? et quel triste présage
Couvre encor vos regards d'un si sombre nuage ?
Mais Électre avec vous ! Que fait-elle en ces lieux ?
Auriez-vous pu fléchir ce cœur audacieux ?
A mes justes désirs aujourd'hui moins rebelle,
A l'hymen de mon fils Électre consent-elle ?
Voit-elle sans regret préparer ce grand jour
Qui doit combler d'Itys et les vœux et l'amour ?

ÉLECTRE.

Oui, tu peux désormais en ordonner la fête ;
Pour cet heureux hymen ma main est toute prête :
Je n'en veux disposer qu'en faveur de ton sang,
Et je la garde à qui te percera le flanc.

(Elle sort.)

ÉGISTHE.

Cruelle ! si mon fils n'arrêtoit ma vengeance,
J'éprouverois bientôt jusqu'où va ta constance.

SCÈNE VIII.
ÉGISTHE, CLYTEMNESTRE

CLYTEMNESTRE.

Seigneur, n'irritez point son orgueil furieux.
Si vous saviez les maux que m'annoncent les dieux;
J'en frémis. Non, jamais le ciel impitoyable
N'a menacé nos jours d'un sort plus déplorable.
Deux fois mes sens frappés par un triste réveil
Pour la troisième fois se livroient au sommeil,
Quand j'ai cru, par des cris terribles et funèbres,
Me sentir entraîner dans l'horreur des ténèbres.
Je suivois, malgré moi, de si lugubres cris ;
Je ne sais quels remords agitoient mes esprits.
Mille foudres grondoient dans un épais nuage
Qui sembloit cependant céder à mon passage.
Sous mes pas chancelants un gouffre s'est ouvert ;
L'affreux séjour des morts à mes yeux s'est offert.
A travers l'Achéron la malheureuse Électre,
A grands pas, où j'étois sembloit guider un spectre.

Je fuyois; il me suit. Ah seigneur ! à ce nom
Mon sang se glace : hélas ! c'étoit Agamemnon;
« Arrête, m'a-t-il dit d'une voix formidable;
Voici de tes forfaits le terme redoutable :
Arrête, épouse indigne; et frémis de ce sang
Que le cruel Egisthe a tiré de mon flanc. »
Ce sang, qui ruisseloit d'une large blessure,
Sembloit, en s'écoulant, pousser un long murmure.
A l'instant j'ai cru voir aussi couler le mien :
Mais, malheureuse ! à peine a-t-il touché le sien,
Que j'en ai vu renaître un monstre impitoyable
Qui m'a lancé d'abord un regard effroyable.
Deux fois le Styx, frappé par ses mugissements,
A long-temps répondu par des gémissements.
Vous êtes accouru : mais le monstre en furie
D'un seul coup à mes pieds vous a jeté sans vie,
Et m'a ravi la mienne avec le même effort,
Sans me donner le temps de sentir votre mort.

ÉGISTHE.

Je conçois la douleur où la crainte vous plonge.
Un présage si noir n'est cependant qu'un songe
Que le sommeil produit et nous offre au hasard,
Où, bien plus que les dieux, nos sens ont souvent part.
Pourrois-je craindre un songe à vos yeux si funeste,
Moi qui ne compte plus d'autre ennemi qu'Oreste ?
Au gré de sa fureur qu'il s'arme contre nous,
Je saurai lui porter d'inévitables coups.
Ma haine à trop haut prix vient de mettre sa tête,
Pour redouter encor les malheurs qu'il m'apprête.

C'est en vain que Samos la défend contre moi :
Qu'elle tremble, à son tour, pour elle et pour son roi
Athènes désormais, de ses pertes lassée,
Nous menace bien moins qu'elle n'est menacée ;
Et le roi de Corinthe, épris plus que jamais,
Me demande aujourd'hui ma fille avec la paix.
Quel que soit son pouvoir, quoi qu'il en ose attendre
Sans la tête d'Oreste il n'y faut point prétendre.
D'ailleurs, pour cet hymen le ciel m'offre une main
Dont j'attends pour moi-même un secours plus certa
Ce héros, défenseur de toute ma famille,
Est celui qu'en secret je destine à ma fille.
Ainsi je ne crains plus qu'Électre et sa fierté,
Ses reproches, ses pleurs, sa fatale beauté,
Les transports de mon fils : mais, s'il peut la contrai
A recevoir sa foi, je n'aurai rien à craindre ;
Et la main que prétend employer mon courroux
Mettra bientôt le comble à mes vœux les plus doux.
Mais ma fille paroît. Madame, je vous laisse,
Et je vais travailler au repos de la Grèce.

SCÈNE IX.

CLYTEMNESTRE, IPHIANASSE, , MÉLIT

IPHIANASSE.

On dit qu'un noir présage, un songe plein d'horreur
Madame, cette nuit a troublé votre cœur.
Dans le tendre respect qui pour vous m'intéresse,
Je venois partager la douleur qui vous presse.

CLYTEMNESTRE.

Princesse, un songe affreux a frappé mes esprits;
Mon cœur s'en est troublé, la frayeur l'a surpris.
Mais, pour en détourner les funestes auspices,
Ma main va l'expier par de prompts sacrifices.

SCÈNE X.

IPHIANASSE, MÉLITE.

IPHIANASSE.

MÉLITE, plût au ciel qu'en proie à tant d'ennuis
Un songe seul eût part à l'état où je suis !
Plût au ciel que le sort, dont la rigueur m'outrage,
N'eût fait que menacer !

MÉLITE.

     Madame, quel langage !
Quel malheur de vos jours a troublé la douceur,
Et la constante paix que goûtoit votre cœur ?

IPHIANASSE.

Tes soins n'ont pas toujours conduit Iphianasse;
Et ce calme si doux a bien changé de face.
Quelques jours malheureux, écoulés sans te voir,
D'un cœur qui s'ouvre à toi font tout le désespoir.

MÉLITE.

A finir nos malheurs, quoi ! lorsque tout conspire,
Qu'un roi jeune et puissant à votre hymen aspire,
Votre cœur désolé se consume en regrets !
Quels sont vos déplaisirs ? ou quels sont vos souhaits ?
Corinthe, avec la paix, vous demande pour reine :
Ce grand jour doit former une si belle chaîne.

IPHIANASSE.

Plût aux dieux que ce jour, qui te paroît si beau,
Dût des miens à tes yeux éteindre le flambeau !
Mais lorsque tu sauras mes mortelles alarmes,
N'irrite point mes maux, et fais grace à mes larmes.
Il te souvient encor de ces temps où, sans toi,
Nous sortîmes d'Argos à la suite du roi.
Tout sembloit menacer le trône de Mycènes,
Tout cédoit aux deux rois de Corinthe et d'Athènes.
Pour retarder du moins un si cruel malheur,
Mon frère sans succès fit briller sa valeur ;
Égisthe fut défait, et trop heureux encore
De pouvoir se jeter dans les murs d'Épidaure.
Tu sais tout ce qu'alors fit pour nous ce héros
Qu'Itys avoit sauvé de la fureur des flots.
Peins-toi le dieu terrible adoré dans la Thrace ;
Il en avoit du moins et les traits et l'audace.
Quels exploits ! Non, jamais avec plus de valeur
Un mortel n'a fait voir ce que peut un grand cœur.
Je le vis ; et le mien, illustrant sa victoire,
Vaincu, quoiqu'en secret, mit le comble à sa gloire.
Heureuse si mon ame, en proie à tant d'ardeur,
Du crime de ses feux faisoit tout son malheur !
Mais hier je revis ce vainqueur redoutable
A peine s'honorer d'un accueil favorable.
De mon coupable amour l'art déguisant la voix,
En vain sur sa valeur je le louai cent fois ;
En vain, de mon amour flattant la violence,
Je fis parler mes yeux et ma reconnoissance :

ACTE I, SCÈNE X.

oüpire, Mélite; inquiet et distrait,
 cœur paroît frappé d'un déplaisir secret.
s doute il aime ailleurs; et, loin de se contraindre....
e dis-je, malheureuse ! est-ce à moi de m'en plaindre ?
lave d'un haut rang, victime du devoir,
 mon indigne amour quel peut être l'espoir ?
je donc oublié tout ce qui nous sépare ?
 porte : détournons l'hymen qu'on me prépare ;
e puis y souscrire. Allons trouver le roi :
sons tout pour l'amour, s'il ne fait rien pour moi.

FIN DU PREMIER ACTE.

ACTE SECOND.

SCÈNE I.

TYDÉE, ANTÉNOR.

TYDÉE.

Embrasse-moi; reviens de ta surprise extrême.
Oui, mon cher Anténor, c'est Tydée, oui, lui-même;
Tu ne te trompes point.

ANTÉNOR.

Vous, seigneur, en ces lieux,
Parmi des ennemis défiants, furieux !
Au plaisir de vous voir, ciel ! quel trouble succède !
Dans le palais d'Argos le fils de Palamède,
D'une pompeuse cour attirant les regards,
Et de vœux et d'honneurs comblé de toutes parts !
Je sais jusques où va la valeur de Tydée;
D'un heureux sort toujours qu'elle fut secondée :
Mais ce n'est pas ici qu'on doit la couronner.
A la cour d'un tyran....

TYDÉE.

Cesse de t'étonner.
Le vainqueur des deux rois de Corinthe et d'Athènes,
Le guerrier défenseur d'Égisthe et de Mycènes,
N'est autre que Tydée.

ANTÉNOR.
　　　　Et quel est votre espoir?
TYDÉE.
Avant que d'éclaircir ce que tu veux savoir,
Dans ce fatal séjour dis-moi ce qui t'amène.
Que dit-on à Samos? que fait l'heureux Thyrrhène?

ANTÉNOR.
Le grand roi, qui chérit Oreste avec transport,
Depuis plus de six mois incertain de son sort,
Alarmé chaque jour et du sien et du vôtre,
M'envoie en ces climats vous chercher l'un et l'autre.
Mais puisque je vous vois, tous mes vœux sont comblés.
Le fils d'Agamemnon.... Seigneur, vous vous troublez!
Malgré tous les honneurs qu'ici l'on vous adresse,
Vos yeux semblent voilés d'une sombre tristesse.
De tout ce que je vois mon esprit éperdu....

TYDÉE.
Anténor, c'en est fait! Tydée a tout perdu.

ANTÉNOR.
Seigneur, éclaircissez ce terrible mystère.

TYDÉE.
Oreste est mort....

ANTÉNOR.
　　　Grands dieux!

TYDÉE.
　　　　　　Et je n'ai plus de père.

ANTÉNOR.
Palamède n'est plus! Ah! destins rigoureux!
Et qui vous l'a ravi? Par quel malheur affreux....

TYDÉE.

Tu sais ce qu'en ces lieux nous venions entreprendre,
Tu sais que Palamède, avant que de s'y rendre,
Ne voulut point tenter son retour dans Argos,
Qu'il n'eût interrogé l'oracle de Délos.
A de si justes soins on souscrivit sans peine :
Nous partîmes, comblés des bienfaits de Thyrrhène.
Tout nous favorisoit ; nous voguâmes long-temps
Au gré de nos désirs bien plus qu'au gré des vents :
Mais, signalant bientôt toute son inconstance,
La mer en un moment se mutine et s'élance ;
L'air mugit, le jour fuit, une épaisse vapeur
Couvre d'un voile affreux les vagues en fureur ;
La foudre, éclairant seule une nuit si profonde,
A sillons redoublés ouvre le ciel et l'onde,
Et, comme un tourbillon embrassant nos vaisseaux,
Semble en source de feu bouillonner sur les eaux.
Les vagues, quelquefois nous portant sur leurs cimes
Nous font rouler après sous de vastes abîmes,
Où les éclairs pressés pénétrant avec nous
Dans des gouffres de feux sembloient nous plonger.
Le pilote effrayé, que la flamme environne,
Aux rochers qu'il fuyoit lui-même s'abandonne ;
A travers les écueils notre vaisseau poussé
Se brise, et nage enfin sur les eaux dispersé.
Dieux ! que ne fis-je point, dans ce moment funeste,
Pour sauver Palamède et pour sauver Oreste ?
Vains efforts ! la lueur qui partoit des éclairs
Ne m'offrit que des flots de nos débris couverts ;

ACTE II, SCÈNE I.

Tout périt.

ANTÉNOR.

Eh ! comment, dans ce désordre extrême,
Pûtes-vous au péril vous dérober vous-même ?

TYDÉE.

Tout offroit à mes yeux l'inévitable mort :
Mais j'y courois en vain ; la rigueur de mon sort
A de plus grands malheurs me réservoit encore,
Et me jeta mourant vers les murs d'Épidaure.
Itys me secourut ; et de mes tristes jours,
Malgré mon désespoir, il prolongea le cours.
Juge de ma douleur, quand je sus que ma vie
Étoit le prix des soins d'une main ennemie !
Des périls de la mer Tydée enfin remis,
Une nuit, alloit fuir loin de ses ennemis,
Lorsque, la même nuit, d'un vainqueur en furie
Épidaure éprouva toute la barbarie.
Figure-toi les cris, le tumulte et l'horreur :
Dans ce trouble, soudain je m'arme avec fureur,
Incertain du parti que mon bras devoit prendre,
S'il faut presser Égisthe, ou s'il faut le défendre.
L'ennemi cependant occupoit les remparts,
Et sur nous à grands cris fondoit de toutes parts.
Le sort m'offrit alors l'aimable Iphianasse,
Et ma haine bientôt à d'autres soins fit place.
Ses pleurs, son désespoir, Itys près de périr,
Quels objets pour un cœur facile à s'attendrir !
Oreste ne vit plus : mais, pour la sœur d'Oreste,
Il faut de ses états conserver ce qui reste,

Me disois-je à moi-même, et, loin de l'accabler,
Secourir le tyran qu'on devoit immoler :
Je chasserai plutôt Égisthe de Mycènes,
Que d'en chasser les rois de Corinthe et d'Athènes.
Par ce motif secret mon cœur déterminé,
Ou par des pleurs touchants bien plutôt entraîné,
Du soldat qui fuyoit ranimant le courage,
A combattre du moins mon exemple l'engage ;
Et le vainqueur pressé, pâlissant à son tour,
Vers son camp à grands pas médite son retour.
Que ne peut la valeur où le cœur s'intéresse !
J'en fis trop, Anténor ; je revis la princesse.
C'est t'en apprendre assez ; le reste t'est connu.
D'un péril si pressant Égisthe revenu
Me comble de bienfaits, me charge de poursuivre
Deux rois épouvantés, dont mon bras le délivre.
Je porte la terreur chez des peuples heureux,
Et la paix va se faire aux dépens de mes vœux.

ANTÉNOR.

Ah ! seigneur, falloit-il, à l'amour trop sensible,
Armer pour un tyran votre bras invincible ?
Et que prétendez-vous d'un succès si honteux ?

TYDÉE.

Anténor, que veux-tu ? Prends pitié de mes feux,
Plains mon sort : non, jamais on ne fut plus à plaindre.
Il est encor pour moi des maux bien plus à craindre.
Mais apprends des malheurs qui te feront frémir,
Des malheurs dont Tydée à jamais doit gémir.
Entraîné, malgré moi, dans ce palais funeste
Par un désir secret de voir la sœur d'Oreste,

Hier, avant la nuit, j'arrive dans ces lieux.
La superbe Mycène offre un temple à mes yeux :
Je cours y consulter le dieu qu'on y révère,
Sur mon sort, sur celui d'Oreste et de mon père.
Mais à peine aux autels je me fus prosterné,
Qu'à mon abord fatal tout parut consterné :
Le temple retentit d'un funèbre murmure ;
(Je ne suis cependant meurtrier ni parjure.)
J'embrasse les autels, rempli d'un saint respect ;
Le prêtre épouvanté recule à mon aspect,
Et, sourd à mes souhaits, refuse de répondre :
Sous ses pieds et les miens tout semble se confondre.
L'autel tremble ; le dieu se voile à nos regards,
Et de pâles éclairs s'arme de toutes parts :
L'antre ne nous répond qu'à grands coups de tonnerre,
Que le ciel en courroux fait gronder sous la terre.
Je l'avoue, Anténor ; je sentis la frayeur,
Pour la première fois, s'emparer de mon cœur.
A tant d'horreurs enfin succède un long silence.
Du dieu qui se voiloit j'implore l'assistance :
« Écoute-moi, grand dieu ; sois sensible à mes cris :
D'un ami malheureux, d'un plus malheureux fils,
Dieu puissant, m'écriai-je, exauce la prière ;
Daigne sur ce qu'il craint lui prêter ta lumière. »
Alors, parmi les pleurs et parmi les sanglots,
Une lugubre voix fit entendre ces mots :
« Cesse de me presser sur le destin d'Oreste ;
Pour en être éclairci tu m'implores en vain :
Jamais destin ne fut plus triste et plus funeste.
Redoute pour toi-même un semblable destin ;

Appaise cependant les mânes de ton père:
Ton bras seul doit venger ce héros malheureux
D'une main qui lui fut bien fatale et bien chère ;
Mais crains, en le vengeant, le sort le plus affreux. »
Une main qui lui fut bien fatale et bien chère !
Ma mère ne vit plus, et je n'ai point de frère.
Juste ciel ! et sur qui doit tomber mon courroux ?
De ces lieux cependant fuyons, arrachons-nous.
Allons trouver le roi.... Mais je vois la princesse.
Ah ! fuyons ; mes malheurs, mon devoir, tout m'en presse:
Partons, dérobons-nous la douceur d'un adieu.

SCÈNE II.

IPHIANASSE, TYDÉE, MÉLITE, ANTÉNOR.

IPHIANASSE.

(à Mélite.)   (à Tydée.)
Ah Mélite ! que vois-je ?.... On disoit qu'en ce lieu,
En ce moment, seigneur, mon père devoit être.
Je croyois....

TYDÉE.

En effet, il y devoit paroître.
Madame, même soin nous conduisoit ici ;
Vous y cherchez le roi, je l'y cherchois aussi.
Pénétré des bienfaits qu'Égisthe me dispense,
Je venois, plein de zèle et de reconnoissance,
Rendre grace à la main qui les répand sur moi,
Et, dans le même temps, prendre congé du roi.

ACTE II, SCENE II.

IPHIANASSE.

Ce départ aura lieu, seigneur, de le surprendre :
Moi-même en ce moment j'ai peine à le comprendre.
Et pourquoi de ces lieux vous bannir aujourd'hui,
Et dépouiller l'état de son plus ferme appui ?
Vous le savez, la paix n'est pas encor jurée :
La victoire, sans vous, seroit-elle assurée ?

TYDÉE.

Oui, madame ; et vos yeux n'ont-ils pas tout soumis ?
Le roi peut-il encor craindre des ennemis ?
Que ne vaincrez-vous point ? quelle haine obstinée
Tiendroit contre l'espoir d'un illustre hyménée ?
Du bonheur qui l'attend Téléphonte charmé,
Sur cet espoir flatteur, a déjà désarmé ;
Et, si j'en crois la cour, cette grande journée
Doit voir Iphianasse à son lit destinée.

IPHIANASSE.

Non, le roi de Corinthe en est en vain épris,
Si la tête d'Oreste en doit être le prix.

TYDÉE.

Quoi ! la tête d'Oreste ! Ah ! la paix est conclue,
Madame, et de ces lieux ma fuite est résolue :
Vous n'avez plus besoin du secours de mon bras.
Ah ! quel indigne prix met-on à vos appas !
Juste ciel ! se peut-il qu'une loi si cruelle
Fasse de vous le prix d'une main criminelle ?
Ainsi, dans sa fureur, le plus vil assassin
Pourra donc à son gré prétendre à votre main,
Lorsqu'avec tout l'amour qu'un doux espoir anime
Un héros ne pourroit l'obtenir sans un crime ?

Ah! si, pour se flatter de plaire à vos beaux yeux,
Il suffisoit d'un bras toujours victorieux,
Peut-être à ce bonheur aurois-je pu prétendre.
Avec quelque valeur, et le cœur le plus tendre,
Quels efforts, quels travaux, quels illustres projets
N'eût point tentés ce cœur charmé de vos attraits?

IPHIANASSE.

Seigneur!

TYDÉE.

Je le vois bien, ce discours vous offense.
Je n'ai pu vous revoir et garder le silence;
Mais je vais m'en punir par un exil affreux;
Et cacher loin de vous un amant malheureux,
Qui, trop plein d'un amour qu'Iphianasse inspire,
En dit moins qu'il ne sent, mais plus qu'il n'en doit dire.

IPHIANASSE.

J'ignore quel dessein vous a fait révéler
Un amour que l'espoir semble avoir fait parler.
Mais, seigneur, je ne puis recevoir sans colère
Ce téméraire aveu que vous osez me faire.
Songez qu'on n'ose ici se déclarer pour moi,
Sans la tête d'Oreste, ou le titre de roi;
Qu'un amant comme vous, quelque feu qui l'inspire,
Doit soupirer du moins sans oser me le dire.

SCÈNE III.

TYDÉE, ANTÉNOR.

TYDÉE.

Qu'ai-je dit? où laissé-je égarer mes esprits?
Moi parler, pour me voir accabler de mépris!

Les ai-je mérités, cruelle Iphianasse?
Mais quel étoit l'espoir de ma coupable audace?
Que venois-je chercher dans ce cruel séjour?
Moi, dans la cour d'Argos entraîné par l'amour!
Rappelons ma fureur. Oreste, Palamède....
Ah! contre tant d'amour inutile remède!
Que servent ces grands noms, dans l'état où je suis,
Qu'à me couvrir de honte et m'accabler d'ennuis?
Ah! fuyons, Anténor; et, loin d'une cruelle,
Courons où mon devoir, où l'oracle m'appelle:
Ne laissons point jouir de tout mon désespoir
Des yeux indifférents que je ne dois plus voir.

SCÈNE IV.

ÉGISTHE, TYDÉE, ANTÉNOR.

TYDÉE.

Le roi vient; dans mon trouble il faut que je l'évite.

ÉGISTHE.

Demeurez, et souffrez qu'envers vous je m'acquitte.
Ainsi que le héros brille par ses exploits,
La grandeur des bienfaits doit signaler les rois.
Tout parle du guerrier qui prit notre défense:
Mais rien ne parle encor de ma reconnoissance.
Il est temps cependant que mes heureux sujets,
Témoins de sa valeur, le soient de mes bienfaits.
Que pourriez-vous penser, et que diroit la Grèce?
Mais quoi! vous soupirez! quelle douleur vous presse?
Malgré tous vos efforts elle éclate, seigneur;
Un déplaisir secret trouble votre grand cœur:

Même ici mon abord a paru vous surprendre;
Avez-vous des secrets que je ne puisse apprendre ?

TYDÉE.

De tels secrets, seigneur, sont peu dignes de vous ;
Je crains peu qu'un grand roi puisse en être jaloux:
Permettez cependant qu'à mon devoir fidèle
Je retourne en des lieux où ce devoir m'appelle.
J'ai fait peu pour Égisthe, et de quelque succès
Sa bonté chaque jour s'acquitte avec excès.
S'il est vrai que mon bras eut part à la victoire,
Il suffit à mon cœur d'en partager la gloire.
Ne m'arrêtez donc plus sur l'espoir des bienfaits :
Les vôtres n'ont-ils pas surpassé mes souhaits ?
J'en suis comblé, seigneur; mon ame est satisfaite;
Je ne demande plus qu'une libre retraite.

ÉGISTHE.

Un intérêt trop cher s'oppose à ce départ :
Argos perdroit en vous son plus ferme rempart.
Des héros tels que vous, sitôt qu'on les possède,
Sont, pour les plus grands rois, d'un prix à qui tout cèd
Heureux si je pouvois, par les plus forts liens,
Attacher pour jamais vos intérêts aux miens !
Je vous dois le salut de toute ma famille,
Et ne veux point sans vous disposer de ma fille.

TYDÉE, à part.

Ciel ! où tend ce discours ?

ÉGISTHE.

Oui, seigneur, c'est en vain
Qu'avec la paix un roi me demande sa main :

Quelque éclatant que soit un pareil hyménée,
Au sort d'un autre époux ma fille est destinée;
Sûr de vaincre avec vous, je crains peu désormais
Tout le péril que suit le refus de la paix.
Il ne tient plus qu'à vous d'affermir ma puissance.
J'ai besoin d'une main qui serve ma vengeance,
Et qui fasse tomber dans l'éternelle nuit
L'ennemi déclaré que ma haine poursuit,
Qui me poursuit moi-même, et que mon cœur déteste.
Point d'hymen, quel qu'il soit, sans la tête d'Oreste:
Ma fille est à ce prix; et cet effort si grand,
Ce n'est que de vous seul que ma haine l'attend.

TYDÉE

De moi, seigneur? de moi? juste ciel !

ÉGISTHE.

De vous-même.
Calmez de ce transport la violence extrême.
Quelle horreur vous inspire un si juste dessein?
Je demande un vengeur, et non un assassin.
Lorsque, pour détourner ma mort qu'il a jurée,
J'exige tout le sang du petit-fils d'Atrée,
Je n'ai point prétendu, seigneur, que votre bras
Le fît couler ailleurs qu'au milieu des combats.
Oreste voit partout voler sa renommée;
La Grèce en est remplie, et l'Asie alarmée;
Ses exploits seuls devroient vous en rendre jaloux;
C'est le seul ennemi qui soit digne de vous.
Courez donc l'immoler; c'est la seule victoire,
Parmi tant de lauriers, qui manque à votre gloire.

Dites un mot, seigneur ; soldats et matelots
Seront prêts avec vous à traverser les flots.
Si ma fille est un bien qui vous paroisse digne
De porter votre cœur à cet effort insigne,
Pour vous associer à ce rang glorieux
Je ne consulte point quels furent vos aïeux.
Lorsqu'on a les vertus que vous faites paroître,
On est du sang des dieux, ou digne au moins d'en être.
Quoi qu'il en soit, seigneur, pour servir mon courroux
Je ne veux qu'un héros, et je le trouve en vous.
Me serois-je flatté d'une vaine espérance,
Quand j'ai fondé sur vous l'espoir de ma vengeance ?
Vous ne répondez point ! Ah ! qu'est-ce que je voi ?

TYDÉE.

La juste horreur du coup qu'on exige de moi.
Mais il faut aujourd'hui, par plus de confiance,
Payer de votre cœur l'affreuse confidence.
Votre fille, seigneur, est d'un prix à mes yeux
Au dessus des mortels, digne même des dieux.
Je vous dirai bien plus : j'adore Iphianasse ;
Tout mon respect n'a pu surmonter mon audace ;
Je l'aime avec transport ; mon trop sensible cœur
Peut à peine suffire à cette vive ardeur :
Mais quand, avec l'espoir d'obtenir ce que j'aime,
L'univers m'offriroit la puissance suprême,
Contre votre ennemi bien loin d'armer mon bras,
Je ne sais point quel sang je ne répandrois pas.
Revenez d'une erreur à tous les deux funeste.
Qui ? moi, grands dieux ! qui ? moi, vous immoler Orest

Ah! quand vous le croyez seul digne de mes coups,
Savez-vous qui je suis? et me connoissez-vous?
Quand même ma vertu n'auroit pu l'en défendre,
N'eût-il pas eu pour lui l'amitié la plus tendre?
Ah! plût aux dieux cruels, jaloux de ce héros,
Aux dépens de mes jours l'avoir sauvé des flots!
Mais, hélas! c'en est fait; Oreste et Palamède....

ÉGISTHE.

Ils sont morts? Quelle joie à mes craintes succède!
Grands dieux, qui me rendez le plus heureux des rois,
Qui pourra m'acquitter de ce que je vous dois?
Mon ennemi n'est plus! Ce que je viens d'entendre
Est-il bien vrai, seigneur? Daignez au moins m'apprendre
Comment le juste ciel a terminé son sort,
En quels lieux, quels témoins vous avez de sa mort.

TYDÉE.

Mes pleurs. Mais, au transport dont votre ame est éprise,
Je me repens déjà de vous l'avoir apprise.
Vous voulez de son sort en vain vous éclaircir;
Il me fait trop d'horreur, à vous trop de plaisir;
Je ne ressens que trop sa perte déplorable,
Sans m'imposer encore un récit qui m'accable.

ÉGISTHE.

Je ne vous presse plus, seigneur, sur ce récit.
Oreste ne vit plus; son trépas me suffit:
Votre pitié pour lui n'a rien dont je m'offense;
Et quand le ciel sans vous a rempli ma vengeance,
Puisque c'est vous du moins qui me l'avez appris,
Je crois vous en devoir toujours le même prix.

ÉLECTRE.

Je vous l'offre, acceptez-le ; aimons-nous l'un et l'autre :
Vous fîtes mon bonheur, je veux faire le vôtre.
Sur le trône d'Argos désormais affermi,
Qu'Égisthe en vous, seigneur, trouve un gendre, un ami ;
Si sur ce choix votre ame est encore incertaine,
Je vous laisse y penser, et je cours chez la reine.

TYDÉE, à part.

Et moi, de toutes parts de remords combattu,
Je vais sur mon amour consulter ma vertu.

FIN DU SECOND ACTE.

ACTE TROISIÈME.

SCÈNE I.

TYDÉE, seul.

ÉLECTRE veut me voir ! Ah ! mon ame éperdue
Ne soutiendra jamais ni ses pleurs ni sa vue.
Trop infidèle ami du fils d'Agamemnon,
Oserai-je en ces lieux lui déclarer mon nom ;
Lui dire que je suis le fils de Palamède ;
Qu'aux devoirs les plus saints un lâche amour succède ;
Qu'Oreste me fut cher ; que de tant d'amitié
L'amour me laisse à peine un reste de pitié ;
Que, loin de secourir une triste victime,
J'abandonne sa sœur au tyran qui l'opprime ;
Que cette même main, qui dut trancher ses jours,
Par un coupable effort en prolonge le cours ;
Et que, prête à former des nœuds illégitimes,
Peut-être cette main va combler tous mes crimes ;
Qu'elle n'a désormais qu'à répandre en ces lieux
Le reste infortuné d'un sang si précieux ?...
Mais seroit-ce trahir les mânes de son frère,
Que de vouloir d'Électre adoucir la misère ?
D'Iphianasse enfin si je deviens l'époux,
Je puis dans ses malheurs lui faire un sort plus doux.

D'ailleurs, un roi puissant m'offre son alliance :
Je n'ai, pour l'obtenir, dignité ni naissance.
Que me sert ma valeur étant ce que je suis,
Si ce n'est pour jouir d'un sort.... Lâche ! poursuis.
Je ne m'étonne plus si les dieux te punissent,
A ton fatal aspect si les autels frémissent.
Ah ! cesse sur l'amour d'excuser le devoir :
Pour être vertueux, on n'a qu'à le vouloir :
D'Électre, en ce moment, foible cœur, cours l'apprendre.
Qu'attends-tu ? que l'amour vienne encor te surprendre ?
Qu'un feu....

SCÈNE II.

ÉLECTRE, TYDÉE.

TYDÉE, à lui-même.

MAIS quel objet se présente à mes yeux ?
Dieux ! quels tristes accents font retentir ces lieux !
C'est une esclave en pleurs ; hélas ! qu'elle a de charmes !
Que mon ame en secret s'attendrit à ses larmes !
Que je me sens touché de ses gémissements !
Ah ! que les malheureux éprouvent de tourments !

ÉLECTRE, à part.

Dieux puissants, qui l'avez si long-temps poursuivie,
Epargnez-vous encore une mourante vie ?
Je ne le verrai plus ! inexorables dieux,
D'une éternelle nuit couvrez mes tristes yeux.

TYDÉE.

Je sens qu'à votre sort la pitié m'intéresse.
Ne pourrai-je savoir quelle douleur vous presse ?

ACTE III, SCÈNE II.

ÉLECTRE.

Hélas ! qui ne connoît mon nom et mes malheurs ?
Et qui peut ignorer le sujet de mes pleurs ?
Un désespoir affreux est tout ce qui me reste.
O déplorable sang ! ô malheureux Oreste !

TYDÉE.

Ah ! juste ciel ! quel nom avez-vous prononcé !
A vos pleurs, à ce nom, que mon cœur est pressé !
Qu'il porte à ma pitié de sensibles atteintes !
Ah ! je vous reconnois à de si tendres plaintes.
Malheureuse princesse, est-ce vous que je voi ?
Électre, en quel état vous offrez-vous à moi ?

ÉLECTRE.

Et qui donc s'attendrit pour une infortunée,
A la fureur d'Égisthe, aux fers abandonnée ?
Mais Oreste, seigneur, vous étoit-il connu ?
A mes pleurs, à son nom, votre cœur s'est ému.

TYDÉE.

Dieux ! s'il m'étoit connu ! Mais dois-je vous l'apprendre,
Après avoir trahi l'amitié la plus tendre ?
Dieux ! s'il m'étoit connu ce prince généreux !
Ah madame ! c'est moi qui de son sort affreux
Viens de répandre ici la funeste nouvelle.

ÉLECTRE.

Il est donc vrai, seigneur ? et la Parque cruelle
M'a ravi de mes vœux et l'espoir et le prix ?
Mais, quel étonnement vient frapper mes esprits !
Vous qui montrez un cœur à mes pleurs si sensible,
N'êtes-vous pas, seigneur, ce guerrier invincible,

D'un tyran odieux trop zélé défenseur?
Qui peut donc pour Électre attendrir votre cœur?
Pouvez-vous bien encor plaindre ma destinée,
Tout rempli de l'espoir d'un fatal hyménée?

TYDÉE.

Eh! que diriez-vous donc si mon indigne cœur
De ses coupables feux vous découvroit l'horreur?
De quel œil verriez-vous l'ardeur qui me possède,
Si vous voyiez en moi le fils de Palamède?

ÉLECTRE.

De Palamède! vous? Qu'ai-je entendu, grands dieux!
Mais vous ne l'êtes point, Tydée est vertueux :
Il n'eût point fait rougir les mânes de son père ;
Il n'auroit point trahi l'amitié de mon frère,
Ma vengeance, mes pleurs, ni le sang dont il sort.
Si vous étiez Tydée, Égisthe seroit mort :
Bien loin de consentir à l'hymen de sa fille,
Il eût de ce tyran immolé la famille.
De Tydée, il est vrai, vous avez la valeur;
Mais vous n'en avez pas la vertu ni le cœur.

TYDÉE.

A mes remords du moins faites grace, madame.
Il est vrai, j'ai brûlé d'une coupable flamme;
Il n'est point de devoirs plus sacrés que les miens :
Mais l'amour connoît-il d'autres droits que les siens?
Ne me reprochez point le feu qui me dévore,
Ni tout ce que mon bras a fait dans Épidaure :
J'ai dû tout immoler à votre inimitié ;
Mais que ne peut l'amour ? que ne peut l'amitié ?

Itys alloit périr, je lui devois la vie;
Sa mort bientôt d'une autre auroit été suivie.
L'amour et la pitié confondirent mes coups;
Tydée en ce moment crut combattre pour vous.
D'ailleurs, à la fureur de Corinthe et d'Athènes
Pouvois-je abandonner le trône de Mycènes?

ÉLECTRE.

Juste ciel! et pour qui l'avez-vous conservé?
Cruel! si c'est pour moi que vous l'avez sauvé,
Venez donc de ce pas immoler un barbare :
Il n'est point de forfaits que ce coup ne répare.
Oreste ne vit plus : achevez aujourd'hui
Tout ce qu'il auroit fait pour sa sœur et pour lui.
A l'aspect de mes fers êtes-vous sans colère?
Est-ce ainsi que vos soins me rappellent mon frère?
Ne m'offrirez-vous plus, pour essuyer mes pleurs,
Que la main qui combat pour mes persécuteurs?
Cessez de m'opposer une funeste flamme.
Si je vous laissois voir jusqu'au fond de mon ame,
Votre cœur, excité par l'exemple du mien,
Détesteroit bientôt un indigne lien;
D'un cœur que malgré lui l'amour a pu séduire,
Il apprendroit du moins comme un grand cœur soupire;
Vous y verriez l'amour, esclave du devoir,
Languir parmi les pleurs, sans force et sans pouvoir.
Occupé, comme moi, d'un soin plus légitime,
Faites-vous des vertus de votre propre crime.
Du sort qui me poursuit pour détourner les coups,
Non, je n'ai plus ici d'autre frère que vous.

Mon frère est mort; c'est vous qui devez me le rend[re]
Vous, qu'un serment affreux engage à me le défendre[.]
Ah cruel! cette main, si vous m'abandonnez,
Va trancher à vos yeux mes jours infortunés.

TYDÉE.

Moi, vous abandonner! Ah! quelle ame endurcie
Par des pleurs si touchants ne seroit adoucie?
Moi, vous abandonner! Plutôt mourir cent fois.
Jugez mieux d'un ami dont Oreste fit choix.
Je conçois, quand je vois les yeux de ma princesse,
Jusqu'où peut d'un amant s'étendre la foiblesse;
Mais quand je vois vos pleurs, je conçois encor mie[ux]
Ce que peut le devoir sur un cœur vertueux.
Pourvu que votre haine épargne Iphianasse,
Il n'est rien que pour vous ne tente mon audace.
Je ne sais, mais je sens qu'à l'aspect de ces lieux
Égisthe à chaque instant me devient odieux.

ÉLECTRE.

A l'ardeur dont enfin ma haine est secondée,
A ce noble transport je reconnois Tydée.
Malgré tous mes malheurs, que ce moment m'est do[ux]
Je pourrai donc venger.... Mais quelqu'un vient à n[ous]
Il faut que je vous quitte; on pourroit nous surpren[dre]
En secret chez Arcas, seigneur, daignez vous rendr[e]
Seul espoir que le ciel m'ait laissé dans mes maux,
Courez, en me vengeant, signaler un héros,
Pour peu qu'à ma douleur votre cœur s'intéresse.

(*Elle sort*[.])

TYDÉE.

Mais qui venoit à nous? Ah dieux! c'est la princesse

Quel dessein en ce lieu peut conduire ses pas ?
Dans le trouble où je suis, que lui dirai-je ? Hélas !
Que je crains les transports où mon ame s'égare !

SCÈNE III.

IPHIANASSE, TYDÉE, MÉLITE.

IPHIANASSE.

Quel trouble, à mon aspect, de votre cœur s'empare ?
Vous ne répondez point, seigneur ! je le vois bien,
J'ai troublé la douceur d'un secret entretien.
Electre, comme vous, s'offensera peut-être
Qu'ici, sans son aveu, quelqu'un ose paroître :
Elle semble à regret s'éloigner de ces lieux ;
La douleur qu'elle éprouve est peinte dans vos yeux :
Interdit et confus.... Quel est donc ce mystère ?

TYDÉE.

Madame, vous savez qu'elle a perdu son frère,
Que c'est moi seul qui viens d'en informer le roi :
Électre a souhaité s'en instruire par moi.
Mon cœur, toujours sensible au sort des misérables,
N'a pu, sans s'attendrir à ses maux déplorables,
Après le coup affreux qui vient de la frapper....

IPHIANASSE.

N'est-il que sa douleur qui vous doive occuper ?
Ce n'est pas que mon cœur veuille vous faire un crime
D'un soin que ses malheurs rendent si légitime ;
Mais, seigneur, je ne sais si ce soin généreux
A dû seul vous toucher, quand tout flatte vos vœux.

TYDÉE.

Non, des bontés du roi mon ame enorgueillie
Ne se méconnoît point quand lui-même il s'oublie.
S'il descend jusqu'à moi pour le choix d'un époux,
Mon respect me défend l'espoir d'un bien si doux;
Et telle est de mon sort la rigueur infinie,
Que, lorsqu'à mon destin vous devez être unie,
Votre rang, ma naissance, un barbare devoir,
Tout défend à mon cœur un si charmant espoir.

IPHIANASSE.

Je comprends la rigueur d'un devoir si barbare,
Et conçois mieux que vous tout ce qui nous sépare :
Plus que vous ne voulez, j'entrevois vos raisons.
Si ma fierté pouvoit descendre à des soupçons....
Mais non, sur votre amour que rien ne vous contraigne;
Je ne vois rien en lui que mon cœur ne dédaigne.
Cependant à mes yeux, fier de cet attentat,
Gardez-vous pour jamais de montrer un ingrat.

SCÈNE IV.

TYDÉE, seul.

Qu'ai-je fait, malheureux! y pourrai-je survivre?
Mais quoi! l'abandonner! Non, non, il faut la suivre.
Allons. Qui peut encor m'arrêter en ces lieux?
Courons où mon amour....

SCÈNE V.

PALAMÈDE, TYDÉE.

TYDÉE.

Que vois-je? justes dieux!

ACTE III, SCÈNE V.

O sort, à tes rigueurs quelle douceur succède !
O mon père ! est-ce vous ? est-ce vous, Palamède ?

PALAMÈDE.

Embrassez-moi, mon fils : après tant de malheurs,
Qu'il m'est doux de revoir l'objet de tant de pleurs !

TYDÉE.

S'il est vrai que les biens qui nous coûtent des larmes
Doivent pour un cœur tendre avoir le plus de charmes,
Hélas ! après les pleurs que j'ai versés pour vous,
Que cet heureux instant me doit être bien doux !
Ah seigneur ! qui m'eût dit qu'au moment qu'un oracle
Sembloit mettre à mes vœux un éternel obstacle,
Palamède à mes yeux s'offriroit aujourd'hui,
Malgré le sort affreux dont j'ai tremblé pour lui ?
Est-ce ainsi que des dieux la suprême sagesse
Doit braver des mortels la crédule foiblesse ?
Mais puisqu'enfin ici j'ai pu vous retrouver,
Je vois bien que le ciel ne veut que m'éprouver ;
Qu'avec vous sa bonté va désormais me rendre
Un ami qu'avec vous je n'osois plus attendre.
Mais vous versez des pleurs ! Ah ! n'est-ce que pour lui
Que les dieux sans détour s'expliquent aujourd'hui ?

PALAMÈDE.

N'accusez point des dieux la sagesse suprême ;
Croyez, mon fils, croyez qu'elle est toujours la même !
Gardons-nous de vouloir, foibles et curieux,
Pénétrer des secrets qu'ils voilent à nos yeux.
Ils ont du moins parlé sans détour sur Oreste ;
Un triste souvenir est tout ce qui m'en reste.

J'ai vu ses yeux couverts des horreurs du trépas;
Je l'ai tenu long-temps mourant entre mes bras.
Sa perte de la mienne alloit être suivie,
Si l'intérêt d'un fils n'eût conservé ma vie;
Si j'eusse, dans l'horreur d'un transport furieux,
Soupçonné, comme vous, la sagesse des dieux.
Conduit par elle seule au sein de la Phocide,
Cette même sagesse auprès de vous me guide;
Trop heureux désormais si le sort moins jaloux
M'eût rendu tout entier mon espoir le plus doux !
Mais, hélas ! que le ciel, qui vers vous me renvoie,
Mêle dans ce moment d'amertume à ma joie !
D'un fils que j'admirois que mon fils est changé !
Tydée, Oreste est mort : Oreste est-il vengé ?
Depuis quel temps, si près de l'objet de ma haine,
Arrêtez-vous vos pas à la cour de Mycène ?
Arcas ne m'a point dit que vous fussiez ici :
Mon fils, d'où vient qu'Arcas n'en est point éclairci ?
Pourquoi ne le point voir ? Vous connoissez son zèle;
Deviez-vous vous cacher à cet ami fidèle ?
Parlez enfin, quel soin vous retient en des lieux
Où vous n'osez punir un tyran odieux ?

TYDÉE.

Prévenu des malheurs d'une tête si chère,
Ma première vengeance étoit due à mon père....
Mais, seigneur, n'est-ce point dans ces funestes lieux
Trop exposer des jours qu'ont respectés les dieux ?
N'est-ce point trop compter sur une longue absence,
Que d'oser s'y montrer avec tant d'assurance ?

ACTE III, SCÈNE V.

PALAMÈDE.

Mon fils, j'ai tout prévu ; calmez ce vain effroi :
C'est à mes ennemis à trembler, non à moi.
Eh ! comment en ces lieux craindrois-je de paroître,
Moi que d'abord Arcas a paru méconnoître,
Moi que devance ici le bruit de mon trépas,
Moi dont enfin le ciel semble guider les pas ?
D'ailleurs, un sang si cher m'appelle à sa défense,
Que tout cède en mon cœur au soin de sa vengeance.
La sœur d'Oreste, en proie à ses persécuteurs,
Doit, ce jour, éprouver le comble des horreurs.
Je viens, contre un tyran prêt à tout entreprendre,
Reconnoître les lieux où je veux le surprendre.
Puisqu'il faut l'immoler ou périr cette nuit,
Qu'importe à mes desseins le péril qui me suit ?
Mon fils, si même ardeur eût guidé votre audace,
Vous n'auriez pas pour moi ce souci qui vous glace.
Comment dois-je expliquer vos regards interdits ?
Je ne trouve partout que des cœurs attiédis,
Que des amis troublés, sans force et sans courage,
Accoutumés au joug d'un honteux esclavage.
Par ma présence en vain j'ai cru les rassembler ;
Un guerrier les retient, et les fait tous trembler.
Mais moi, seul au dessus d'une crainte si vaine,
Je prétends immoler ce guerrier à ma haine ;
C'est par-là que je veux signaler mon retour.
Un défenseur d'Égisthe est indigne du jour.
Parlez, connoissez-vous ce guerrier redoutable,
Pour le tyran d'Argos rempart impénétrable ?

Pourquoi sous vos efforts n'a-t-il pas succombé ?
Parlez, mon fils ; qui peut vous l'avoir dérobé ?
Votre haute valeur, désormais ralentie,
Pour lui seul aujourd'hui s'est-elle démentie ?
Vous rougissez, Tydée ! Ah ! quel est mon effroi !
Je vous l'ordonne enfin, parlez, répondez-moi :
D'un désordre si grand que faut-il que je pense ?

TYDÉE.

Ne pénétrez-vous point un si triste silence ?

PALAMÈDE.

Qu'entends-je ? quel soupçon vient s'offrir à mon cœur !
Quoi ! mon fils.... Dieux puissants, laissez-moi mon erreur.
Ah ! Tydée, est-ce vous qui prenez la défense
De l'indigne ennemi que poursuit ma vengeance ?
Puis-je croire qu'un fils ait prolongé les jours
Du cruel qui des miens cherche à trancher le cours ?
Falloit-il vous revoir, pour vous voir si coupable ?

TYDÉE.

N'irritez point, seigneur, la douleur qui m'accable.
Votre vertu, toujours constante en ses projets,
Ne fait que redoubler l'horreur de mes forfaits :
Il suffit qu'à vos yeux la honte m'en punisse ;
Ne m'en souhaitez pas un plus cruel supplice.
D'un malheureux amour ayez pitié, seigneur :
Le ciel, qui m'en punit avec tant de rigueur,
Sait les tourments affreux où mon ame est en proie.
Mais vainement sur moi son courroux se déploie ;
Je sens que les remords d'un cœur né vertueux
Souvent, pour le punir, vont plus loin que les dieux.

PALAMÈDE.

Qu'importe à mes desseins le remords qui l'agite ?
Croyez-vous qu'envers moi le remords vous acquitte ?
Perfide ! il est donc vrai, je n'en puis plus douter,
Ni de votre innocence un moment me flatter.
Quoi ! pour le sang d'Égisthe, aux yeux de Palamède,
Tydée ose avouer l'amour qui le possède !
S'il vous rend, malgré moi, criminel aujourd'hui,
Cette main vous rendra vertueux malgré lui.
Fils ingrat, c'est du sang de votre indigne amante
Qu'à vos yeux trop charmés je veux l'offrir fumante.

TYDÉE.

Il faudra donc, avant que de verser le sien,
Commencer aujourd'hui par répandre le mien.
Puisqu'à votre courroux il faut une victime,
Frappez, seigneur, frappez : voilà l'auteur du crime.

PALAMÈDE.

Juste ciel ! se peut-il qu'à l'aspect de ces lieux,
Fumants encor d'un sang pour lui si précieux,
Dans le fond de son cœur la voix de la nature
N'excite en ce moment ni trouble ni murmure ?

TYDÉE.

Et que m'importe à moi le sang d'Agamemnon ?
Quel intérêt si saint m'attache à ce grand nom,
Pour lui sacrifier les transports de mon âme,
Et le prix glorieux qu'on propose à ma flamme ?
Et pourquoi votre fils lui doit-il immoler....

PALAMÈDE.

Si je disois un mot, je vous ferois trembler.

Vous n'êtes point mon fils, ni digne encor de l'être :
Par d'autres sentiments vous le feriez connoître.
Mon fils infortuné, soumis, respectueux,
N'offroit à mon amour qu'un héros vertueux ;
Il n'auroit point brûlé pour le sang de Thyeste :
Un si coupable amour n'est digne que d'Oreste.
Mon fils de son devoir eût été plus jaloux.

TYDÉE.

Et quel est donc, seigneur, cet Oreste ?

PALAMÈDE.

C'est vous.

ORESTE.

Oreste, moi, seigneur ! Dieux ! qu'entends-je ?

PALAMÈDE.

Oui, vous-même,
Qui ne devez vos jours qu'à ma tendresse extrême.
Le traître dont ici vous protégez le sang
Auroit, sans moi, du vôtre épuisé votre flanc.
Ingrat ! si désormais ma foi vous paroît vaine,
Retournez à Samos interroger Thyrrhène.
Instruit de votre sort, sa constante amitié
A secondé pour vous mes soins et ma pitié :
Il sait, pour conserver une si chère vie
Par le tyran d'Argos sans cesse poursuivie,
Que, sous le nom d'Oreste, à des traits ennemis
J'offris, sans balancer, la tête de mon fils.
C'est sous un nom si grand, que, de vengeance avide,
Il venoit en ces lieux punir un parricide.
Je l'ai vu, ce cher fils, triste objet de mes vœux,
Mourir entre les bras d'un père malheureux :

J'ai perdu pour vous seul cette unique espérance;
Il est mort; j'en attends la même récompense.
Sacrifiez ma vie au tyran odieux
A qui vous immolez des noms plus précieux :
Qu'à votre lâche amour tout autre intérêt cède,
Il ne vous reste plus qu'à livrer Palamède.:
Il vivoit pour vous seul, il seroit mort pour vous;
C'en est assez, cruel, pour exciter vos coups.

ORESTE.

Poursuivez, ce transport n'est que trop légitime :
Égalez, s'il se peut, le reproche à mon crime;
Accablez-en, seigneur, un amour odieux,
Trop digne du courroux des hommes et des dieux:
Qui? moi, j'ai pu brûler pour le sang de Thyeste !
A quels forfaits, grands dieux, réservez-vous Oreste?
Ah! seigneur, je frémis d'une secrète horreur;
Je ne sais quelle voix crie au fond de mon cœur.
Hélas! malgré l'amour qui cherche à le surprendre,
Mon père mieux que vous a su s'y faire entendre.
Courons, pour appaiser son ombre et mes remords,
Dans le sang d'un barbare éteindre mes transports.
Honteux de voir encor le jour qui nous éclaire,
Je m'abandonne à vous; parlez, que faut-il faire?

PALAMÈDE.

Arracher votre sœur à mille indignités:
Appaiser d'un grand roi les mânes irrités,
Les venger des fureurs d'une barbare mère:
Venir sur son tombeau jurer à votre père
D'immoler son bourreau, d'expier aujourd'hui
Tout ce que votre bras osa tenter pour lui:

Rassurer votre sœur, mais lui cacher son frère;
Ses craintes, ses transports trahiroient ce mystère:
Vous offrir à ses yeux sous le nom de mon fils;
Sous le vôtre, seigneur, assembler vos amis:
Que vous dirai-je enfin? contre un amour funeste
Reprendre, avec le nom, des soins dignes d'Oreste.

ORESTE.

Ne craignez point qu'Oreste, indigne de ce nom,
Démente la fierté du sang d'Agamemnon.
Venez, si vous doutez qu'il méritât d'en être,
Voir couler tout le mien pour le mieux reconnoître.

FIN DU TROISIÈME ACTE.

ACTE QUATRIÈME.

SCÈNE I.

ÉLECTRE, seule.

Où laissé-je égarer mes vœux et mes esprits ?
Juste ciel ! qu'ai-je vu ? mais, hélas ! qu'ai-je appris ?
Oreste ne vit plus ; tout veut que je le croie,
Le trouble de mon cœur, les pleurs où je me noie ;
Il est mort : cependant, si j'en crois à mes yeux ;
Oreste vit encore, Oreste est en ces lieux.
Ma douleur m'entraînoit au tombeau de mon père
Pleurer auprès de lui mes malheurs et mon frère :
Qu'ai-je vu ? quel spectacle à mes yeux s'est offert ?
Son tombeau de présents et de larmes couvert ;
Un fer, signe certain qu'une main se prépare
A venger ce grand roi des fureurs d'un barbare.
Quelle main s'arme encor contre ses ennemis ?
Qui jure ainsi leur mort, si ce n'est pas son fils ?
Ah ! je le reconnois à sa noble colère ;
Et c'est du moins ainsi qu'auroit juré mon frère :
Quelque ardent qu'il paroisse à venger nos malheurs,
Tydée eût-il couvert ce tombeau de ses pleurs ?
Ce ne sont point non plus les pleurs d'une adultère
Qui ne veut qu'insulter aux mânes de mon père :
Ce n'est que pour braver son époux et les dieux
Qu'elle élève à sa cendre un tombeau dans ces lieux.

Non, elle n'a dressé ce monument si triste,
Que pour mieux signaler son amour pour Égisthe,
Pour lui rendre plus chers son crime et ses fureurs,
Et pour mettre le comble à mes vives douleurs.
Qu'ils tremblent cependant, ces meurtriers impies
Qu'il semble que déjà poursuivent les Furies.
J'ai vu le fer vengeur, Égisthe va périr ;
Mon frère ne revient que pour me secourir.....
Flatteuse illusion à qui l'effroi succède !
Puis-je encor soupçonner le fils de Palamède ?
Un témoin si sacré peut-il m'être suspect ?
On vient : c'est lui. Mon cœur s'émeut à son aspect.
Mon frère.... Quel transport s'empare de mon ame !

SCÈNE II.

ORESTE, ÉLECTRE.

ÉLECTRE, à part.

Mais, hélas ! il est seul.

ORESTE.

Je vous cherche, madame.
Tout semble désormais servir votre courroux ;
Votre indigne ennemi va tomber sous nos coups.
Savez-vous quel héros vient à votre défense,
Quelle main avec nous frappe d'intelligence ?
Le ciel à vos amis vient de joindre un vengeur
Que nous n'attendions plus.

ÉLECTRE.

Et quel est-il, seigneur ?

Que dis-je ? puis-je encor méconnoître mon frère ?
N'en doutons plus, c'est lui.

ORESTE.

Madame, c'est mon père.

ÉLECTRE.

Votre père, seigneur ! et d'où vient qu'aujourd'hui
Oreste à mon secours ne vient point avec lui ?
Peut-il abandonner une triste princesse ?
Est-ce ainsi qu'à me voir son amitié s'empresse ?

ORESTE.

Vous le savez, Oreste a vu les sombres bords ;
Et l'on ne revient point de l'empire des morts.

ÉLECTRE.

Et n'avez-vous pas cru, seigneur, qu'avec Oreste
Palamède avoit vu cet empire funeste ?
Il revoit cependant la clarté qui nous luit :
Mon frère est-il le seul que le destin poursuit ?
Vous-même, sans espoir de revoir le rivage,
Ne trouvâtes-vous pas un port dans le naufrage ?
Oreste, comme vous, peut en être échappé.
Il n'est point mort, seigneur, vous vous êtes trompé.
J'ai vu dans ce palais une marque assurée
Que ces lieux ont reçu le petit-fils d'Atrée,
Le tombeau de mon père encor mouillé de pleurs.
Qui les auroit versés ? qui l'eût couvert de fleurs ?
Qui l'eût orné d'un fer ? quel autre que mon frère
L'eût osé consacrer aux mânes de mon père ?
Mais quoi ! vous vous troublez ! Ah ! mon frère est ici.
Hélas ! qui mieux que vous en doit être éclairci ?

Ne me le cachez point, Oreste vit encore.
Pourquoi me fuir ? pourquoi vouloir que je l'ignore ?
J'aime Oreste, seigneur; un malheureux amour
N'a pu de mon esprit le bannir un seul jour :
Rien n'égale l'ardeur qui pour lui m'intéresse.
Si vous saviez pour lui jusqu'où va ma tendresse,
Votre cœur frémiroit de l'état où je suis,
Et vous termineriez mon trouble et mes ennuis.
Hélas ! depuis vingt ans que j'ai perdu mon père,
N'ai-je donc pas assez éprouvé de misère ?
Esclave dans des lieux d'où le plus grand des rois
A l'univers entier sembloit donner des lois,
Qu'a fait aux dieux cruels sa malheureuse fille ?
Quel crime contre Électre arme enfin sa famille ?
Une mère en fureur la hait et la poursuit;
Ou son frère n'est plus, ou le cruel la fuit.
Ah ! donnez-moi la mort, ou me rendez Oreste;
Rendez-moi, par pitié, le seul bien qui me reste.

ORESTE.

Eh bien ! il vit encore; il est même en ces lieux.
Gardez-vous cependant....

ÉLECTRE.

     Qu'il paroisse à mes yeux.
Oreste, se peut-il qu'Électre te revoie ?
Montrez-le-moi, dussé-je en expirer de joie.
Mais, hélas ! n'est-ce point lui-même que je vois ?
C'est Oreste, c'est lui, c'est mon frère et mon roi.
Aux transports qu'en mon cœur son aspect a fait naître,
Ah ! comment si long-temps l'ai-je pu méconnoître ?...

Je vous revois enfin, cher objet de mes vœux !
Moments tant souhaités ! ô jour trois fois heureux !...
Vous vous attendrissez ; je vois couler vos larmes.
Ah seigneur ! que ces pleurs pour Électre ont de charmes !
Que ces traits, ces regards, pour elle ont de douceur !
C'est donc vous que j'embrasse, ô mon frère !

ORESTE.

Ah ma sœur !
Mon amitié trahit un important mystère.
Mais, hélas ! que ne peut Électre sur son frère ?

ÉLECTRE.

Est-ce de moi, cruel, qu'il faut vous défier,
D'une sœur qui voudroit tout vous sacrifier ?
Et quelle autre amitié fut jamais si parfaite ?

ORESTE.

Je n'ai craint que l'ardeur d'une joie indiscrète.
Dissimulez des soins quoique pour moi si doux :
Ma sœur, à me cacher j'ai souffert plus que vous.
D'ailleurs, jusqu'à ce jour je m'ignorois moi-même.
Palamède, pour moi rempli d'un zèle extrême,
Pour conserver des jours à sa garde commis,
M'élevoit à Samos sous le nom de son fils.
Le sien est mort, ma sœur ; la colère céleste
A fait périr l'ami le plus chéri d'Oreste ;
Et peut-être, sans vous, moins sensible à vos maux,
Envirois-je le sort qu'il trouva dans les flots.

ÉLECTRE.

Se peut-il qu'en regrets votre cœur se consume ?
Ah ! seigneur, laissez-moi jouir sans amertume

Du plaisir de revoir un frère tant aimé.
Quel entretien pour moi ! Que mon cœur est charmé !
J'oublie, en vous voyant, qu'ailleurs peut-être on m'aime ;
J'oublie auprès de vous jusques à l'amant même.
Surmontez, comme moi, ce penchant trop flatteur,
Qui semble malgré vous entraîner votre cœur.
Quel que soit votre amour, les traits d'Iphianasse
N'ont rien de si charmant que la vertu n'efface.

ORESTE.

La vertu sur mon cœur n'a que trop de pouvoir,
Ma sœur ; et mon nom seul suffit à mon devoir.
Non, ne redoutez rien du feu qui me possède.
On vient : séparons-nous.

SCÈNE III.

ORESTE, ÉLECTRE, PALAMÈDE,
ANTÉNOR.

ORESTE.

Mais non, c'est Palamède.

PALAMÈDE.

Anténor, demeurez : observez avec soin
Que de notre entretien quelqu'un ne soit témoin.

SCÈNE IV.

ORESTE, ÉLECTRE, PALAMÈDE.

ORESTE.

Vous revoyez, ma sœur, cet ami si fidèle,
Dont nos malheurs, les temps, n'ont pu lasser le zèle.

ACTE IV, SCÈNE IV.

ÉLECTRE, à Palamède.

Qu'avec plaisir, seigneur, je revois aujourd'hui
D'un sang infortuné le généreux appui !
Ne soyez point surpris ; attendri par mes larmes,
Mon frère a dissipé mes mortelles alarmes :
De cet heureux secret mon cœur est éclairci.

PALAMÈDE.

Je rends graces au ciel qui vous rejoint ici.
Oreste m'est témoin avec quelle tendresse
J'ai déploré le sort d'une illustre princesse ;
Avec combien d'ardeur j'ai toujours souhaité
Le bienheureux instant de votre liberté.
Je vous rassemble enfin, famille infortunée,
A des malheurs si grands trop long-temps condamnée !
Qu'il m'est doux de vous voir où régnoit autrefois
Ce père vertueux, ce chef de tant de rois,
Que fit périr le sort trop jaloux de sa gloire !
O jour que tout ici rappelle à ma mémoire,
Jour cruel qu'ont suivi tant de jours malheureux,
Lieux terribles, témoins d'un parricide affreux,
Retracez-nous sans cesse un spectacle si triste !
Oreste, c'est ici que le barbare Égisthe,
Ce monstre détesté, souillé de tant d'horreurs,
Immola votre père à ses noires fureurs.
Là, plus cruelle encor, pleine des Euménides,
Son épouse sur lui porta ses mains perfides.
C'est ici que sans force, et baigné dans son sang,
Il fut long-temps traîné le couteau dans le flanc.

Mais c'est là que, du sort lassant la barbarie,
Il finit dans mes bras ses malheurs et sa vie.
C'est là que je reçus, impitoyables dieux !
Et ses derniers soupirs, et ses derniers adieux.
« A mon triste destin puisqu'il faut que je cède,
Adieu, prends soin de toi, fuis, mon cher Palamède ;
Cesse de m'immoler d'odieux ennemis :
Je suis assez vengé si tu sauves mon fils.
Va, de ces inhumains sauve mon cher Oreste :
C'est à lui de venger une mort si funeste. »
Vos amis sont tout prêts ; il ne tient plus qu'à vous ;
Une indigne terreur ne suspend plus leurs coups ;
Chacun, à votre nom, et s'excite et s'anime ;
On n'attend, pour frapper, que vous et la victime.

(à Électre.)

De votre part, madame, on croit que votre cœur
Voudra bien seconder une si noble ardeur.
C'est parmi les flambeaux d'un coupable hyménée
Que le tyran doit voir trancher sa destinée.
Princesse, c'est à vous d'assurer nos projets.
Flattez-le d'un hymen si doux à ses souhaits :
C'est sous ce faux espoir qu'il faut que votre haine
Au temple où je l'attends ce jour même l'entraîne.
Mais, en flattant ses vœux, dissimulez si bien,
Que de tous nos desseins il ne soupçonne rien.

ÉLECTRE.

L'entraîner aux autels ! Ah ! projet qui m'accable !
Itys y périroit ; Itys n'est point coupable.

PALAMÈDE.

Il ne l'est point, grands dieux ! Né du sang dont il sort,
Il l'est plus qu'il ne faut pour mériter la mort.
Juste ciel ! est-ce ainsi que vous vengez un père ?
L'un tremble pour la sœur, et l'autre pour le frère !
L'amour triomphe ici ! Quoi ! dans ces lieux cruels,
Il fera donc toujours d'illustres criminels !
Est-ce donc sur des cœurs livrés à la vengeance
Qu'il doit un seul moment signaler sa puissance ?
Rompez l'indigne joug qui vous tient enchaînés :
Eh ! l'amour est-il fait pour les infortunés ?
Il a fait les malheurs de toute votre race :
Jugez si c'est à vous d'oser lui faire grace.
Songez, pour mieux domter le feu qui vous surprend,
Que le crime qui plaît est toujours le plus grand :
Faites voir qu'un grand cœur que l'amour peut séduire
Ne manque à son devoir que pour mieux s'en instruire :
Ne vous attirez point le reproche honteux
D'avoir pu mériter d'être si malheureux.
Peut-être sans l'amour seriez-vous plus sévères.
Vous savez sur les fils si l'on poursuit les pères.
Songez, si le supplice en est trop odieux,
Que c'est du moins punir à l'exemple des dieux.
Mais je vois que l'honneur, qui vous en sollicite,
De nos amis en vain rassemble ici l'élite :
C'en est fait ; de ce pas je vais les disperser,
Et conserver ce sang que vous n'osez verser.
En effet, que m'importe à moi de le répandre ?
Ce n'est point malgré vous que je dois l'entreprendre.

Crébillon. I.

Pour venger vos affronts j'ai fait ce que j'ai pu ;
Mais vous n'avez point fait ce que vous avez dû.

ÉLECTRE.

Ah ! seigneur, arrêtez ; remplissez ma vengeance :
Je sens de vos soupçons que ma vertu s'offense.
Percez le cœur d'Itys, mais respectez le mien :
Il n'est point retenu par un honteux lien ;
Et quoique ma pitié fasse pour le défendre
Tout ce qu'eût fait l'amour sur le cœur le plus tendre,
Ce feu, ce même feu dont vous me soupçonnez,
Loin d'arrêter, seigneur....

PALAMÈDE.

                Madame, pardonnez.
J'ai peut-être à vos yeux poussé trop loin mon zèle :
Mais tel est de mon cœur l'empressement fidèle.
Je ne hais point Itys, et sa fière valeur
Pourra seule aujourd'hui faire tout son malheur.
Oreste est généreux ; il peut lui faire grace,
J'y consens : mais d'Itys vous connoissez l'audace ;
Il défendra le sang qu'on va faire couler :
Cependant il nous faut périr ou l'immoler,
Et ce n'est qu'aux autels qu'avec quelque avantage
On peut jusqu'au tyran espérer un passage.
La garde qui le suit, trop forte en ce palais,
Rend le combat douteux, encor plus le succès,
Puisque votre ennemi pourroit encor sans peine,
Quoique vaincu, sauver ses jours de votre haine.
Mais ailleurs, malgré lui par la foule pressé,
Vous le verrez bientôt à vos pieds renversé.

ACTE IV, SCÈNE IV.

ORESTE.

Venez, seigneur, venez : si l'amour est un crime,
Vous verrez que mon cœur en est seul la victime ;
Qu'il peut bien quelquefois toucher les malheureux,
Mais qu'il est sans pouvoir sur les cœurs généreux.

PALAMÈDE.

Il est vrai, j'ai tout craint du feu qui vous anime ;
Mais j'ai tout espéré d'un cœur si magnanime ;
Et je connois trop bien le sang d'Agamemnon,
Pour soupçonner qu'Oreste en démente le nom.
Mon cœur, quoiqu'alarmé des sentiments du vôtre,
N'en présumoit pas moins et de l'un et de l'autre.
Si de votre vertu ce cœur a pu douter,
Mes soupçons n'ont servi qu'à la faire éclater.
Mais, pour mieux signaler ce que j'en dois attendre,
Après moi chez Arcas, seigneur, daignez vous rendre :
Vous me verrez bientôt expirer à vos yeux,
Ou venger d'un cruel, vous, Électre, et les dieux.

SCÈNE V.

ORESTE, ÉLECTRE.

ORESTE.

Adieu, ma sœur ; calmez la douleur qui vous presse :
ous savez à vos pleurs si mon cœur s'intéresse.

ÉLECTRE.

Allez, seigneur, allez ; vengez tous nos malheurs ;
t que bientôt le ciel vous redonne à mes pleurs !

FIN DU QUATRIÈME ACTE.

ACTE CINQUIÈME.

SCÈNE I.

ÉLECTRE.

Tandis qu'en ce palais mon hymen se prépare,
Dieux ! quel trouble secret de mon ame s'empare !
Le sévère devoir qui m'y fait consentir
Est-il sitôt suivi d'un honteux repentir ?
Croirai-je qu'un amour proscrit par tant de larmes
Puisse encor me causer de si vives alarmes ?
Non, ce n'est point l'amour ; l'amour seul dans un cœur
Ne pourroit exciter tant de trouble et d'horreur :
Non, ce n'est point un feu dont ma fierté s'irrite....
Ah ! si ce n'est l'amour, qu'est-ce donc qui m'agite ?
Un amour si long-temps sans succès combattu
Voudroit-il d'aujourd'hui respecter ma vertu ?
Festins cruels, et vous, criminelles ténèbres,
Plaintes d'Agamemnon, cris perçants, cris funèbres,
Sang que j'ai vu couler, pitoyables adieux,
Soyez à ma fureur plus qu'Oreste et les dieux :
Échauffez des transports que mon devoir anime :
Peignez à mon amour un héros magnanime....
Non, ne me peignez rien ; effacez seulement
Les traits trop bien gravés d'un malheureux amant,

D'une injuste fierté trop constante victime,
Dont un père inhumain fait ici tout le crime,
Toujours prêt à défendre un sang infortuné
Aux caprices du sort long-temps abandonné.
On vient. Hélas! c'est lui. Que mon ame éperdue
S'attendrit et s'émeut à cette chère vue!
Dieux, qui voyez mon cœur dans ce triste moment,
Ai-je assez de vertu pour perdre mon amant?

SCÈNE II.

ÉLECTRE, ITYS.

ITYS.

Pénétré d'un malheur où mon cœur s'intéresse,
M'est-il enfin permis de revoir ma princesse?
Si j'en crois les apprêts qui se font en ces lieux,
Je puis donc sans l'aigrir m'offrir à ses beaux yeux!
Quelque prix qu'on prépare au feu qui me dévore,
Malgré tout mon espoir, que je les crains encore!
Dieux! se peut-il qu'Électre, après tant de rigueurs,
Daigne choisir ma main pour essuyer ses pleurs?
Est-ce elle qui m'élève à ce comble de gloire?
Mon bonheur est si grand, que je ne le puis croire.
Ah! madame, à qui dois-je un bien si doux pour moi?
Amour, fais, s'il se peut, qu'il ne soit dû qu'à toi!
Électre, s'il est vrai que tant d'ardeur vous touche,
Confirmez notre hymen d'un mot de votre bouche;
Laissez-moi, dans ces yeux de mon bonheur jaloux,
Lire au moins un aveu qui me fait votre époux.

Quoi ! vous les détournez ! Dieux ! quel affreux silence !
Ma princesse, parlez : vous fait-on violence ?
De tout ce que je vois que je me sens troubler !
Ah ! ne me cachez point vos pleurs prêts à couler.
Confiez à ma foi le secret de vos larmes ;
N'en craignez rien : ce cœur, quoiqu'épris de vos charmes,
N'abusera jamais d'un pouvoir odieux.
Madame, par pitié, tournez vers moi les yeux.
C'en est trop : je pénètre un mystère funeste ;
Vous cédez au destin qui vous enlève Oreste ;
Vous croyez désormais que pour vous aujourd'hui
L'univers tout entier doit périr avec lui.
Votre cœur cependant, à sa haine fidèle,
Accablé des rigueurs d'une mère cruelle,
Au moment que je crois qu'il s'attendrit pour moi,
M'abhorre, et ne se rend qu'aux menaces du roi.

ÉLECTRE.

Fils d'Égisthe, reviens d'un soupçon qui me blesse :
Électre ne connoît ni crainte ni foiblesse ;
Son cœur, dont rien ne peut abaisser la fierté,
Même au milieu des fers agit en liberté.
Quelque appui que le sort m'enlève dans mon frère,
Je crains plus tes vertus que les fers ni ton père.
Ne crois pas qu'un tyran pour toi puisse en ce jour
Ce que ne pourroit pas ou l'estime, ou l'amour.
Non ; quel que soit le sang qui coule dans tes veines,
Je ne t'impute rien de l'horreur de mes peines ;
Je ne puis voir en toi qu'un prince généreux
Que, de tout mon pouvoir, je voudrois rendre heureux.

Non, je ne te hais point : je serois inhumaine
Si je pouvois payer tant d'amour de ma haine.

ITYS.

Je ne suis point haï ! Comblez donc tous les vœux
Du cœur le plus fidèle et le plus amoureux.
Vous n'avez plus de haine ! Eh bien ! qui vous arrête ?
Les autels sont parés, et la victime est prête :
Venez, sans différer, par des nœuds éternels,
Vous unir à mon sort aux pieds des immortels.
Égisthe doit bientôt y conduire la reine;
Souffrez que sur leurs pas mon amour vous entraîne :
On n'attend plus que vous.

ÉLECTRE, à part.

On n'attend plus que moi !
Dieux cruels ! que ce mot redouble mon effroi !
(haut.)
Quoi ! tout est prêt, seigneur ?

ITYS.

Oui, ma chère princesse.

ÉLECTRE.

Hélas !

ITYS.

Ah ! dissipez cette sombre tristesse.
Vos yeux d'assez de pleurs ont arrosé ces lieux :
Livrez-vous à l'époux que vous offrent les dieux.
Songez que cet hymen va finir vos misères;
Qu'il vous fait remonter au trône de vos pères;
Que lui seul peut briser vos indignes liens,
Et terminer les maux qui redoublent les miens.

Le plus grand de mes soins, dans l'ardeur qui m'anime,
Est de vous arracher au sort qui vous opprime.
Mycènes vous déplaît : eh bien ! j'en sortirai;
Content du nom d'époux, partout je vous suivrai,
Trop heureux, pour tout prix du feu qui me consume,
Si je puis de vos pleurs adoucir l'amertume !
Aussi touché que vous du destin d'un héros....

ÉLECTRE.

Hélas ! que ne fait-il le plus grand de mes maux !
Et que ce triste hymen où ton amour aspire....
Cet hymen.... Non, Itys, je ne puis y souscrire:
J'ai promis; cependant je ne puis l'achever.
Ton père est aux autels, je m'en vais l'y trouver ;
Attends-moi dans ces lieux.

ITYS.

Et vous êtes sans haine !
Aux autels, quoi ! sans moi ? Demeurez, inhumaine :
Demeurez, ou bientôt d'un amant odieux
Ma main fera couler tout le sang à vos yeux.
Vous gardiez donc ce prix à ma persévérance ?

ÉLECTRE.

Ah ! plus tu m'attendris, moins notre hymen s'avance.

ITYS, se jetant à ses genoux.

Quoi ! vous m'abandonnez à mes cruels transports !

ÉLECTRE.

Que fais-tu, malheureux ? Laisse-moi mes remords;
Lève-toi : ce n'est point la haine qui me guide.

SCÈNE III.

ÉLECTRE, ITYS, IPHIANASSE.

IPHIANASSE.

Que faites-vous, mon frère, aux pieds d'une perfide ?
On assassine Égisthe ; et, sans un prompt secours,
D'une si chère vie on va trancher le cours.

ITYS.

On assassine Égisthe ! Ah cruelle princesse !

SCÈNE IV.

ÉLECTRE, IPHIANASSE.

ÉLECTRE, à elle-même.

Quoi ! malgré la pitié qui pour toi m'intéresse,
Ta mort de tant d'amour va donc être le fruit !
Je n'ai pu t'arracher au sort qui te poursuit,
Prince trop généreux !

IPHIANASSE.

Cessez, cessez de feindre,
Ingrate ; c'est plutôt l'insulter que le plaindre.
La pitié vous sied bien, au moment que c'est vous
Qui le faites tomber sous vos barbares coups !
J'entends partout voler le nom de votre frère.
Quel autre que ce traître, ennemi de mon père....

ÉLECTRE.

Respectez un héros qui ne fait en ces lieux
Que son devoir, le mien, et que celui des dieux.

Le crime n'a que trop triomphé dans Mycène :
Il est temps qu'un barbare en reçoive la peine ;
Qu'il éprouve ces dieux qu'il bravoit, l'inhumain !
Quoique lents à punir, ils punissent enfin.
Si le ciel indigné n'eût hâté son supplice,
Il eût fait à la fin soupçonner sa justice.
Entendez-vous ces cris et ce tumulte affreux,
Ce bruit confus de voix de tant de malheureux ?
Tels furent les apprêts de ce festin impie
Qu'Égisthe par sa mort dans ce moment expie.
Mais ce que j'ai souffert de nos cruels malheurs
M'apprend, en les vengeant, à respecter vos pleurs.
Je ne vous offre point une pitié suspecte ;
Un intérêt sacré veut que je les respecte.
Vous insultiez mon frère, et ma juste fierté
Avec trop de rigueur a peut-être éclaté.
D'ailleurs, c'est un héros que vous devez connoître :
A vos yeux, comme aux miens, tel il a dû paroître.

SCÈNE V.

ÉLECTRE, IPHIANASSE, ARCAS.

ARCAS.

MADAME, c'en est fait : tout cède à nos efforts ;
Ce palais se remplit de mourants et de morts.
Vous savez qu'aux autels notre chef intrépide
Devoit d'Agamemnon punir le parricide ;
Mais les soupçons d'Égisthe, et des avis secrets,
Ont hâté ce grand jour si cher à nos souhaits.

ACTE V, SCÈNE V.

Oreste règne enfin : ce héros invincible
Semble armé de la foudre en ce moment terrible.
Tout fuit à son aspect, ou tombe sous ses coups :
De longs ruisseaux de sang signalent son courroux.
J'ai vu prêt à périr le fier Itys lui-même
Désarmé par Oreste en ce désordre extrême.
Ce prince au désespoir, cherchant le seul trépas,
Portant partout la mort et ne la trouvant pas,
A son père peut-être eût ouvert un passage;
Mais sa main désarmée a trompé son courage.
Ainsi, de ses exploits interrompant le cours,
Le sort, malgré lui-même, a pris soin de ses jours.
Oreste, qu'irritoit une fureur si vaine,
A sa valeur bientôt fait tout céder sans peine.
J'ai cru de ce succès devoir vous avertir.
De ces lieux cependant gardez-vous de sortir,
Madame : la retraite est pour vous assurée;
Des amis affidés en défendent l'entrée.
Votre ennemi d'ailleurs, au gré de vos désirs,
Aux pieds de son vainqueur rend les derniers soupirs.

IPHIANASSE.

O mon père ! à ta mort je ne veux point survivre :
Je ne puis la venger, je vais du moins te suivre.
(à Électre.)
Cruelle, redoutez, malgré tout mon malheur,
Que l'amour n'arme encor pour moi plus d'un vengeur.

SCÈNE VI.

ORESTE, ÉLECTRE, IPHIANASSE, ARCAS, Gardes.

ORESTE.

Amis, c'en est assez ; qu'on épargne le reste :
Laissez, laissez agir la clémence d'Oreste :
Je suis assez vengé.

IPHIANASSE.

Dieux ! qu'est-ce que je voi ?
Sort cruel ! c'en est fait ; tout est perdu pour moi ;
Celui que j'implorois est Oreste.

ORESTE.

Oui, madame,
C'est lui ; c'est ce guerrier que la plus vive flamme
Vouloit en vain soustraire aux devoirs de ce nom,
Et qui vient de venger le sang d'Agamemnon.
Quel que soit le courroux que ce nom vous inspire,
Mon devoir parle assez ; je n'ai rien à vous dire :
Votre père en ces lieux m'avoit ravi le mien.

IPHIANASSE.

Oui ; mais je n'eus point part à la perte du tien.

(Elle sort.)

ORESTE, à ses gardes.

Suivez-la.

SCÈNE VII.

ORESTE, ÉLECTRE, PALAMÈDE, ARCAS,
GARDES.

ORESTE.

Dieux ! quels cris se font encore entendre !
D'un trouble affreux mon cœur a peine à se défendre.
Palamède, venez rassurer mes esprits.
Que vous calmez l'horreur qui les avoit surpris !
Ami trop généreux, mon défenseur, mon père,
Ah ! que votre présence en ce moment m'est chère !...
Quel triste et sombre accueil ! Seigneur, qu'ai-je donc fait ?
Vos yeux semblent sur moi ne s'ouvrir qu'à regret :
N'ai-je pas assez loin étendu la vengeance ?

PALAMÈDE.

On la porte souvent bien plus loin qu'on ne pense.
Oui, vous êtes vengé, les dieux le sont aussi ;
Mais, si vous m'en croyez, éloignez-vous d'ici.
Ce palais n'offre plus qu'un spectacle funeste ;
Ces lieux souillés de sang sont peu dignes d'Oreste :
Suivez-moi l'un et l'autre.

ORESTE.

Ah ! que vous me troublez !
Pourquoi nous éloigner ? Palamède, parlez :
Craint-on quelque transport de la part de la reine ?

PALAMÈDE.

Non, vous n'avez plus rien à craindre de sa haine.
De son triste destin laissez le soin aux dieux :

Mais pour quelques moments abandonnez ces lieux;
Venez.

ORESTE.

Non, non, ce soin cache trop de mystère;
Je veux en être instruit. Parlez, que fait ma mère?

PALAMÈDE.

Eh bien ! un coup affreux....

ORESTE.

Ah dieux ! quel inhumain
A donc jusque sur elle osé porter la main ?
Qu'a donc fait Anténor chargé de la défendre ?
Et comment et par qui s'est-il laissé surprendre ?
Ah ! j'atteste les dieux que mon juste courroux....

PALAMÈDE.

Ne faites point, seigneur, de serment contre vous.

ORESTE.

Qui ? moi, j'aurois commis une action si noire !
Oreste parricide ! Ah ! pourriez-vous le croire ?
De mille coups plutôt j'aurois percé mon sein.
Juste ciel ! et qui peut imputer à ma main....

PALAMÈDE.

J'ai vu, seigneur, j'ai vu : ce n'est point l'imposture
Qui vous charge d'un coup dont frémit la nature.
De vos soins généreux plus irritée encor,
Clytemnestre a trompé le fidèle Anténor,
Et, remplissant ces lieux et de cris et de larmes,
S'est jetée à travers le péril et les armes.
Au moment qu'à vos pieds son parricide époux
Étoit près d'éprouver un trop juste courroux,

Votre main redoutable alloit trancher sa vie :
Dans ce fatal instant la reine l'a saisie.
Vous, sans considérer qui pouvoit retenir
Une main que les dieux armoient pour le punir,
Vous avez d'un seul coup, qu'ils conduisoient peut-être,
Fait couler tout le sang dont ils vous firent naître.

ORESTE.

Sort, ne m'as-tu tiré de l'abîme des flots
Que pour me replonger dans ce gouffre de maux,
Pour me faire attenter sur les jours de ma mère !...

SCÈNE VIII.

CLYTEMNESTRE, ORESTE, ÉLECTRE, PALAMÈDE, ARCAS, ANTENOR, MÉLITE, GARDES.

ORESTE.

ELLE vient : quel objet ! où fuirai-je ?

ÉLECTRE.

Ah mon frère !

CLYTEMNESTRE.

Ton frère ! quoi ! je meurs de la main de mon fils !
Dieux justes ! mes forfaits sont-ils assez punis ?
Je ne te revois donc, fils digne des Atrides,
Que pour trouver la mort dans tes mains parricides ?
Jouis de tes fureurs, vois couler tout ce sang
Dont le ciel irrité t'a formé dans mon flanc.
Monstre que bien plutôt forma quelque Furie,
Puisse un destin pareil payer ta barbarie !
Frappe encor, je respire, et j'ai trop à souffrir
De voir qui je fis naître, et qui me fait mourir.

Achève, épargne-moi le tourment qui m'accable.
ORESTE.
Ma mère !
CLYTEMNESTRE.
Quoi ! ce nom qui te rend si coupable,
Tu l'oses prononcer ! N'affecte rien, cruel;
La douleur que tu feins te rend plus criminel.
Triomphe, Agamemnon; jouis de ta vengeance;
Ton fils ne dément pas ton nom, ni sa naissance.
Pour l'en voir digne au gré de mes vœux et des tiens,
Je lui laisse un forfait qui passe tous les miens.

SCÈNE IX.

ORESTE, ÉLECTRE, PALAMÈDE, ANTÉNOR, ARCAS, Gardes.

ORESTE.
FRAPPEZ, dieux tout-puissants que ma fureur implore;
Dieux vengeurs, s'il en est, puisque je vis encore,
Frappez : mon crime affreux ne regarde que vous.
Le ciel n'a-t-il pour moi que des tourments trop doux?
Je vois ce qui retient un courroux légitime;
Dieux, vous ne savez pas comme on punit mon crime.
ÉLECTRE.
Ah ! mon frère, calmez cette aveugle fureur :
N'ai-je donc pas assez de ma propre douleur ?
Voulez-vous me donner la mort, mon cher Oreste ?
ORESTE.
Ah ! ne prononcez plus ce nom que je déteste.

ACTE V, SCÈNE IX.

Et toi que fait frémir mon aspect odieux,
Nature, tant de fois outragée en ces lieux,
Je viens de te venger du meurtre de mon père;
Mais qui te vengera du meurtre de ma mère?
Ah! si pour m'en punir le ciel est sans pouvoir,
Prêtons-lui les fureurs d'un juste désespoir.
O dieux, que mes remords, s'il se peut, vous fléchissent!
Que mon sang, que mes pleurs, s'il se peut, t'attendrissent,
Ma mère! vois couler....

(Il veut se tuer.)

PALAMÈDE, le désarmant.

Ah seigneur!

ORESTE.

Laisse-moi :
Je ne veux rien, cruel, d'Électre ni de toi :
Votre cœur, affamé de sang et de victimes,
M'a fait souiller ma main du plus affreux des crimes.....
Mais quoi! quelle vapeur vient obscurcir les airs?
Grace au ciel, on m'entr'ouvre un chemin aux enfers:
Descendons, les enfers n'ont rien qui m'épouvante;
Suivons le noir sentier que le sort me présente;
Cachons-nous dans l'horreur de l'éternelle nuit.
Quelle triste clarté dans ce moment me luit?
Qui ramène le jour dans ces retraites sombres?
Que vois-je? mon aspect épouvante les ombres!
Que de gémissements! que de cris douloureux!
« Oreste! » Qui m'appelle en ce séjour affreux?
Égisthe! Ah! c'en est trop, il faut qu'à ma colère....
Que vois-je? dans ses mains la tête de ma mère!

Quels regards ! Où fuirai-je ? Ah ! monstre furieux,
Quel spectacle oses-tu présenter à mes yeux ?
Je ne souffre que trop ; monstre cruel, arrête ;
A mes yeux effrayés dérobe cette tête.
Ah ! ma mère, épargnez votre malheureux fils.
Ombre d'Agamemnon, sois sensible à mes cris ;
J'implore ton secours, chère ombre de mon père ;
Viens défendre ton fils des fureurs de sa mère ;
Prends pitié de l'état où tu me vois réduit.
Quoi ! jusque dans tes bras la barbare me suit !...
C'en est fait ! je succombe à cet affreux supplice.
Du crime de ma main mon cœur n'est point complice ;
J'éprouve cependant des tourments infinis.
Dieux ! les plus criminels seroient-ils plus punis ?

FIN DU PREMIER VOLUME.

TABLE

DES PIÈCES CONTENUES DANS CE VOLUME.

	Pages.
Notice sur Crébillon,	v
Épître au Roi,	xv
Préface,	xvii
Idoménée, tragédie,	3
Atrée et Thyeste, tragédie,	75
Électre, tragédie,	153

Fin de la Table du premier volume.

www.ingramcontent.com/pod-product-compliance
Lightning Source LLC
Chambersburg PA
CBHW050333170426
43200CB00009BA/1580